U0366397

长三角区域创新
前沿热点跟踪研究

Research on the Frontier and Hotspots of
Innovation in the Yangtze River Delta Region

郝莹莹 编著

上海交通大学出版社
SHANGHAI JIAO TONG UNIVERSITY PRESS

内容提要

　　本书致力于推动长三角一体化高质量发展的相关区域创新热点与科技政策研究。本书从长三角区域创新战略部署、企业创新主体培育、高校院所策源能力提升、技术市场融合发展、科技园区载体建设、科技人才跨界培育、区域协同联动布局等方面，对当前长三角区域创新发展前沿热点进行分析，研究主体、要素、载体、联动等方面的优势与不足，并提出相应的对策建议与发展举措。本书可供政府、学界、科研智库等科技政策研究人员、科技管理部门工作人员、科技工作者等阅读和参考。

图书在版编目（CIP）数据

　　长三角区域创新前沿热点跟踪研究/郝莹莹编著.
上海：上海交通大学出版社，2024.10—ISBN 978 - 7 - 313 -
31748 - 3

　　Ⅰ.F124.3

　　中国国家版本馆 CIP 数据核字第 2024D5G996 号

长三角区域创新前沿热点跟踪研究
CHANGSANJIAO QUYU CHUANGXIN QIANYAN REDIAN GENZONG YANJIU

编　　著：郝莹莹

出版发行：上海交通大学出版社　　　　　地　　址：上海市番禺路 951 号
邮政编码：200030　　　　　　　　　　　电　　话：021 - 64071208
印　　制：上海万卷印刷股份有限公司　　经　　销：全国新华书店
开　　本：710mm×1000mm　1/16　　　　印　　张：11
字　　数：180 千字
版　　次：2024 年 10 月第 1 版　　　　　印　　次：2024 年 10 月第 1 次印刷
书　　号：ISBN 978 - 7 - 313 - 31748 - 3
定　　价：50.00 元

国家科技自立自强，区域创新有为有位。国际经验表明，区域创新发挥国家创新发展的增长极带动作用，是推进高质量发展和参与国际竞争的主要空间形态。区域内的城市群以科技创新为核心竞争力，通过发展规划的不断完善、基础设施的互联互通、产业的分工协作、创新的协同联动等，逐渐崛起成为各国提升经济实力、参与国际竞争的主要平台。党的十八大以来，长三角一体化发展步伐进一步加快，区域创新能级显著提升，创新要素加速集聚，成为代表我国参与世界科技竞争的重要区域之一。

2018 年，长三角一体化发展上升为国家战略，区域创新一体化步伐全面加速。聚焦体制机制创新，长三角强化政策衔接与联动，共耕制度创新"实验田"，着力推动区域科技协同创新的治理机制从局部性向整体性，从阶段性向长期性，从临时性、民间性向制度性、法制性发展，长三角科技体制机制改革的系统性、整体性和协同性进一步增强。聚焦创新主体建设，三省一市坚持以培育原始创新能力为导向，加快构建高水平科研体系，推进高校、科研院所、科技领军企业发展，打造高水平战略科技力量。立足区域创新资源禀赋，以"一体化"思维强化协同合作，推动优质科技资源和科技成果普惠共享，区域一体化技术转移体系更加完善，加快推进一体化技术要素市场建设。注重重点区域建设，聚焦 G60 科创走廊、高新区等重点区域加快载体建设。

长三角区域创新需要在系统观察中，找准重点前沿与热点，并做好跟踪分析，进一步明确当前长三角区域热点发展动态，梳理面临问题与阻碍，并提出相应的发展路径与对策建议。本书共 10 章，包括战略热点扫描、热点跟踪研究和未来展望三个模块。本书基于对国家以及长三角区域宏观战略的梳理研究,从体制机制、关键主体、重要载体、关键要素等方面研究区域热点。进而对长三角高水平高校院所、标杆科技企业、教育科技人才一体化培育、技术市场、高新区以及一体化体制机制进行细致分析与研究,选取科技企业创新管理能级、技术交易指数作为创新政策工具进行模型构建与应用分析,从总体热点扫描到具体热点研究。最后,基于发展形势研判,提出长三角区域创新"十五五"发展战略思考与路径建议。期望本书能够为研究长三角区域创新发展提供重要参考。

梦在前方,路在脚下。长三角一体化高质量发展,不断跃升到新的高度,也不断面临着新的挑战。回应时代形势需求,仍存在短板不足。本书内容源于作者近年来的研究成果积累,以及开展的相关课题研究,受到理论水平和经验积累影响,书中内容若有不当或疏漏之处,敬请读者批评指正。

郝莹莹

2024 年 8 月

目 录

长三角区域创新发展导向热点扫描

　　区域创新体系是指在一定空间范围内,由不同创新主体协同推进,具有新知识产生和新技术流动的区域体系,是国家创新体系在一定空间范围内的深化和细化。长三角区域①是我国区域创新体系的重要组成部分。区域创新体系由主体要素、环境要素、技术扩散,以及关键载体等不同要素构成。长三角一体化发展上升为国家战略以来,在聚焦关键机制、关键主体、关键功能、关键载体方面,以及国家层面、地方层面均出台了重点战略政策,为引导长三角区域创新发展提供了重要的方向指引。本书从区域创新体系建设的角度,重点观察长三角区域创新在体制机制、创新机构、高新区、技术市场四个方面的战略导向,对发展战略、重点行动、发展规划、重要政策进行分析,瞄准关键方向,分析关键战略导向,以供参考。

1.1　一体化发展导向的长三角共同体机制建设

　　突破体制机制障碍、构建高效协同的一体化协同机制,是确保长三角一体化高质量发展的关键。从高质量一体化任务的谋划,到构建三省一市协同创新的机制突破,再到区域的政策部署,长三角不断深化一体化体制机制建设,强化政策衔接联动,以高标准战略谋划推动高质量发展,为建设区域创新共同体奠定重要的制度基础。

1.1.1　谋划高质量一体化任务

　　2023 年 6 月,2023 年度长三角地区主要领导座谈会在安徽省合肥市举行。

---

① 如非特别注明,本书中长三角区域指沪苏浙皖三省一市。

此次座谈会明确提出携手打造长三角科技创新共同体，构建世界一流的重大科技基础设施集群，促进长三角大科学装置集群共建共享，探索国际科技开放创新生态改革试点；形成科技部战略规划司、三省一市科技厅（委）工作专班季度会商机制，每季度召开长三角科技创新共同体工作专班暨长三角科技创新专题会议。在座谈会期间，还举办了第五届长三角一体化发展高层论坛。论坛上，沪苏浙皖三省一市共同签订了上海张江安徽合肥综合性国家科学中心合作共建协议和长三角重大科技基础设施联动发展合作备忘录等 9 个重大合作事项，引领带动长三角区域深入探索构建新发展格局。

1.1.2　建构部省市协同新机制

2022 年 4 月，科技部印发《关于印发长三角科技创新共同体建设办公室成员单位名单的通知》，确立了科技部与长三角三省一市共同推进长三角科技创新共同体建设办公室制度框架。2022 年 8 月 27 日，长三角科技创新共同体建设办公室会议在上海召开，推动长三角科技创新共同体建设。形成科技部战略规划司、三省一市科技厅（委）工作专班季度会商机制。疫情期间，克服疫情影响，长三角科技创新共同体建设工作专班会议如常召开，共商关键事项、重点问题。2022 年 10 月，长三角科技创新共同体建设工作专班秘书处成立，三省一市共选派 8 名优秀干部赴沪集中办公，这标志着跨省市、跨单位的长三角科技干部交流机制迈出了新步伐。至此，"4＋1"组织保障全面到位，长三角科技创新共同体建设办公室、工作专班、秘书处组织框架基本形成。

1.1.3　实施跨区域、一体化政策协同举措

2022 年 7 月 24 日，科技部与三省一市人民政府联合印发《长三角科技创新共同体联合攻关合作机制》，提出建立"部省（市）协同、产业创新融合、绩效创新导向的成果评价、多元主体参与的资金投入"4 项合作机制。2022 年 8 月 12日，上海、江苏、浙江联合印发《关于进一步支持长三角生态绿色一体化发展示范区高质量发展的若干政策措施》，支持示范区建设跨省域高新技术开发区，提升示范区技术创新策源能力。2022 年 8 月 22 日，三省一市科学技术厅（委）联合印发《三省一市共建长三角科技创新共同体行动方案（2022—2025 年）》，进一步强化了战略协同、高地共建、开放共赢、成果共享；同时出台《关于促进长三角科技创新券发展的实施意见》，推动长三角科技创新券互联互通，促进长

三角科技创新资源一体化共享利用,加快建设长三角科技创新共同体。2023
年4月6日,三省一市科学技术厅(委)联合印发《长三角科技创新共同体联
合攻关计划实施办法(试行)》,进一步细化政策实施路径(相关政策要点见
表1-1)。

表1-1　长三角共同体建设相关政策要点

时间	名称	政策要点
2022年7月24日	长三角科技创新共同体联合攻关合作机制(国科发规〔2022〕201号)	以"科创＋产业"为引领,聚焦国家重大创新需求,联合突破一批关键核心技术,推动重点产业链关键核心技术自主可控;联合构建跨学科、跨领域、跨区域的若干创新联合体,实现项目、人才、基地、资金一体化配置,促进产业基础高级化和产业链现代化;探索建立跨区域协同创新的合作机制,形成一批可复制、可推广的经验,推动长三角区域成为以科技创新驱动高质量发展的强劲动力源
2022年8月12日	关于进一步支持长三角生态绿色一体化发展示范区高质量发展的若干政策措施(沪府规〔2022〕9号)	支持示范区建设跨省域高新技术开发区:由青浦区、吴江区、嘉善县以"一区多园"模式建设跨省域高新技术开发区,并在此基础上联合申报创建国家高新技术开发区;提升示范区技术创新策源能力;推动国内外大院名校与示范区合作共建高端创新载体,加快长三角国家技术创新中心在示范区内建设布局
2022年8月22日	三省一市共建长三角科技创新共同体行动方案(2022—2025年)(沪科合〔2022〕18号)	以"推进长三角科技创新一体化,提升区域核心竞争力"为主线,秉持"战略协同、聚焦重点、共商共建、市场为先、开放共赢"的基本原则,瞄准世界科技前沿、围绕国家重大需求,立足三省一市科技创新资源禀赋,聚焦重大科学问题、重点技术领域、重要产业方向,依托重大项目、重大平台,集中力量持续突破,到2025年,长三角科技创新共同体创新策源能力全面提升,若干优势产业加快迈向世界级产业集群,区域一体化协同创新体制机制基本形成,初步建成具有全球影响力的科技创新高地
2022年8月22日	关于促进长三角科技创新券发展的实施意见(沪科合〔2022〕19号)	至2025年,长三角科技创新券政策实现全域互联互通;功能型、网络化、智能化的长三角科技创新券服务体系基本形成,科技资源共享能力不断深化,科技服务供给质量显著增强,科技型中小企业的创新活力进一步释放,跨区域科技创新合作的广度和深度明显提高,在跨区域政策协同、创新要素跨区域自由流动等机制探索上形成可推广的经验,为在长三角形成集聚资源、推动增长、鼓励创新、供需互促的技术要素统一市场提供支撑

（续表）

时间	名称	政策要点
2023 年 4 月 6 日	长三角科技创新共同体联合攻关计划实施办法（试行）（沪科规〔2023〕1 号）	以"科创＋产业"为引领，面向国家和长三角区域重点产业发展需求，发挥企业创新主体作用，布局关键技术攻关，促进产学研合作、大中小企业融通，引导以创新联合体等开放路径，带动项目、人才、基地、资金一体化配置，推动重点产业链关键核心技术自主可控

1.2 高水平发展导向的创新机构发展主体行动

在创新机构发展过程中，战略层面要求从强化数量向强化质量转变，特别提出了高水平创新主体的要求，着力破解"重数量轻质量""重申请轻实施"等问题，明确坚持质量优先，突出转化导向、强化政策引导的原则。

1.2.1 创新机构发展国家宏观战略

从国家层面来看，围绕创新机构方面，形成了从顶层设计到具体政策（见表 1-2），从强化基础研究、推进技术创新中心建设、促进成果转化到打造技术要素市场的全方位"组合拳"。从内容来看，主要体现为三个方面的战略要求。一是强化顶层设计，突出体制机制改革。《中华人民共和国国民经济和社会发展第十四个五年规划和 2035 年远景目标纲要》有专篇强调要深化体制机制改革，实行"揭榜挂帅""赛马"等制度；《赋予科研人员职务科技成果所有权或长期使用权试点实施方案》分领域选择 40 家单位开展试点。二是形成从加强基础研究、推进成果转化，到打造技术要素市场的全方位的政策组合拳。在基础研究方面，出台了《加强"从 0 到 1"基础研究工作方案》；在技术创新方面，出台了《国家技术创新中心建设运行管理办法（暂行）》；在成果转化方面，出台了《关于进一步推进高等学校专业化技术转移机构建设发展的实施意见》等文件；在构建技术交易市场方面，出台了《中共中央国务院关于构建更加完善的要素市场化配置体制机制的意见》，把技术作为五大要素之一予以明确，提出加快发展技术要素市场。三是更加强化质量建设，强化科研成果助推产业发展。《关于提升高等学校专利质量促进转化运用的若干意见》提出与国外高水平大学相比，我国高校专利还存在"重数量轻质量""重申请轻实施"等问题,明确坚持质量优先,突出转化导向、强化政策引导的原则。《国务院办公厅关于完善科技成果评价机制的指导意见》提出要坚持以科技创新质量、绩效、贡献为核心的评价导向。

表1-2 国家层面促进长三角高等院校、科研机构创新发展的政策文件

时间	名称	发文机构	政策要点
2020年1月21日	加强"从0到1"基础研究工作方案(国科发基〔2020〕46号)	科技部、国家发展改革委、教育部、中国科学院、自然科学基金委	从优化原始创新环境、强化国家科技计划原创导向、加强基础研究人才培养、创新科学研究方法手段、强化国家重点实验室原始创新、提升企业自主创新能力、加强管理服务等7个方面提出具体措施;《方案》提出,支持高校、科院所自主布局基础研究,扩大高等学校与科研机构学科布局和科研选题自主权
2020年2月3日	关于提升高等学校专利质量促进转化运用的若干意见(教科技〔2020〕1号)	教育部、国家知识产权局、科技部	提出与国外高水平大学相比,我国高校专利还存在"重数量轻质量""重申请轻实施"等问题。明确坚持质量优先,突出转化导向、强化政策引导的原则;提出目标是到2025年,高校专利质量明显提升,专利运营能力显著增强,部分高校专利授权率和实施率达到世界一流高校水平
2020年3月30日	关于构建更加完善的要素市场化配置体制机制的意见(中发〔2020〕9号)	中共中央国务院	提出加快发展技术要素市场;健全职务科技成果产权制度、完善科技创新资源配置方式,培育发展技术转移机构和技术经理人,促进技术要素与资本要素融合发展,支持国际科技创新合作
2020年5月13日	关于进一步推进高等学校专业化技术转移机构建设发展的实施意见(国科发区〔2020〕133号)	科技部、教育部	提出在"十四五"期间,全国创新能力强、科技成果多的高校普遍建立技术转移机构,体制机制落实到位,有效运行并发挥作用;高校科技成果转移转化能力显著增强,技术交易额大幅提升,高校成果转移转化体系基本完善;培育建设100家左右示范性、专业化国家技术转移中心;提出建立技术转移机构、明确成果转化职能、建立专业人员队伍、完善机构运行机制、提升专业服务能力、加强管理监督6个重点任务
2020年5月9日	赋予科研人员职务科技成果	科技部、国家发展改革	分领域选择40家高等院校和科研机构开展试点,探索建立赋予科研人员职务科技成

时间	名称	发文机构	政策要点
	所有权或长期使用权试点实施方案（国科发区〔2020〕128号）	委、教育部、工业和信息化部、财政部、人力资源社会保障部、商务部、国家知识产权局、中科院	果所有权或长期使用权的机制和模式,形成可复制、可推广的经验和做法,推动完善相关法律法规和政策措施,进一步激发科研人员创新积极性,促进科技成果转移转化
2020 年 6 月 4 日	科技部办公厅关于加快推动国家科技成果转移转化示范区建设发展的通知（国科办区〔2020〕50 号）	科技部办公厅	健全以转化应用为导向的科技成果评价机制;探索知识产权证券化,有序建设知识产权和科技成果产权交易中心,完善科技成果转化公开交易与监管机制;在高等学校中开展国家技术转移中心建设试点,培育发展一批专业化技术转移机构
2021 年 2 月 10 日	国家技术创新中心建设运行管理办法（暂行）（国科发区〔2021〕17 号）	科技部、财政部	根据《办法》,创新中心分为综合类和领域类。综合类创新中心的建设布局应符合京、津、冀协同发展、长三角一体化发展、粤、港、澳大湾区建设等,聚焦区域重大需求或参与国际竞争的领域,凝练若干战略性技术领域作为重点方向,开展跨区域、跨领域、跨学科协同创新与开放合作,成为国家技术创新体系的战略节点;领域类创新中心围绕落实国家科技创新重大战略任务部署,梳理出"卡脖子"和"长板"技术,提出明确的技术创新目标和攻关任务,为行业内企业特别是科技型中小企业提供技术创新与成果转化服务,提升我国重点产业领域创新能力与核心竞争力
2021 年 3 月 12 日	中华人民共和国国民经济和社会发展第十四个五年规划和 2035 年远景目标纲要	十三届全国人大四次会议	深化科技管理体制改革,实行"揭榜挂帅""赛马"等制度。健全知识产权保护运用体制,优化专利资助奖励政策和考核评价机制,更好地保护和激励高价值专利,培育专利密集型产业;改革国有知识产权归属和权益分配机制,扩大科研机构和高等院校知识产权处置自主权;积极促进科技开放合作,实施更加开放包容、互惠共享的国际科技合作战略,更加主动地融入全球创新网络

（续表）

时间	名称	发文机构	政策要点
2021年7月16日	国务院办公厅关于完善科技成果评价机制的指导意见（国办发〔2021〕26号）	国务院办公厅	提出要坚持科技创新质量、绩效、贡献为核心的评价导向；充分发挥科技成果评价的"指挥棒"作用，全面准确反映成果创新水平、转化应用绩效和对经济社会发展的实际贡献，着力强化成果高质量供给与转化应用；引导规范科技成果第三方评价；发挥行业协会、学会、研究会、专业化评估机构等在科技成果评价中的作用

1.2.2　三省一市协同规划布局

近年来，长三角一体化发展在战略层面更加体系化、务实化，不仅出台了顶层设计的规划，而且围绕重点区域、重点政策、重点工作出台相关政策文件（见表1-3）。在规划层面，科技部印发了《长三角科技创新共同体建设发展规划》，秉承战略协同、高地共建、开放共赢、成果共享的基本原则，明确到2025年形成现代化、国际化的科技创新共同体，2035年全面建成全球领先的科技创新共同体。在重点区域层面，聚焦G60科创走廊建设，科技部等六部门联合发布《长三角G60科创走廊建设方案》（以下简称《方案》）。《方案》紧扣"一体化"和"高质量"两个关键词，以"科创+产业"为抓手，着力打造技术共同转化、利益共同分享的协同创新共同体。在重点政策试点方面，三省一市联合出台《关于促进长三角科技创新券发展的实施意见》，务实推进四地创新资源共享。在重点工作方面，三省一市科技部门联合出台《共同创建长三角国家技术创新中心的框架协议》，共同推进中心建设。

表1-3　长三角区域协同创新发展的相关政策文件

时间	名称	发文机构	政策要点
2020年6月6日	共同创建长三角国家技术创新中心的框架协议	沪苏浙皖一市三省科技部门	根据《框架协议》，创新中心定位于全球创新资源配置枢纽、产业技术创新枢纽、人才价值转化枢纽，秉持"共需、共建、共享、共治"理念，紧紧围绕服务国家重大区域战略、带动长三角区域高质量发展的目标，实行一体化统筹和协同联动，发挥一市三省资源禀赋和产

时间	名称	发文机构	政策要点
			业特色,开展管理运行机制创新,加速推动重点优势领域创新成果向产业转化,进一步提升区域整体发展和协同创新能力,支撑长三角区域成为全球科技创新中心和未来产业高地
2020 年 12 月 20 日	长三角科技创新共同体建设发展规划（国科发规〔2020〕352号）	科技部	《规划》秉承战略协同、高地共建、开放共赢、成果共享的基本原则,从协同提升自主创新能力、构建开放融合的创新生态环境、聚力打造高质量发展先行区、共同推进开放创新等 4 个方面提出具体措施,明确到 2025 年形成现代化、国际化的科技创新共同体,2035 年全面建成全球领先的科技创新共同体
2021 年 1 月 9 日	关于开展长三角科技创新券通用通兑试点的通知（沪科合〔2020〕31 号）	沪苏浙皖一市三省科技部门长三角生态绿色一体化发展示范区执委会	长三角科技创新券将在上海市青浦区、江苏省苏州市吴江区、浙江省嘉善县、安徽省马鞍山市试点通用通兑;这意味着,试点区域的长三角企业在科技创新过程中"用券"购买技术研发、技术转移、检验检测等服务;4 个试点区域按照每家企业每年使用创新券的额度不超过 30 万元
2020 年 10 月 27 日	长三角 G60 科创走廊建设方案（国科发规〔2020〕287 号）	科技部、国家发展改革委、工业和信息化部、人民银行、银保监会、证监会	《方案》紧扣"一体化"和"高质量"两个关键词,以"科创＋产业"为抓手,着力打造一流营商环境,形成资金共同投入、技术共同转化、利益共同分享的协同创新共同体;加强区域协同创新,共同打造科技创新策源地;共同建设重大研发平台;加强产学研联动,推动跨区域合作共建联合实验室、技术中心;促进科技资源跨区域流动,协同攻关重大装备、关键环节;促进科技资源开放共享;建立健全协同联动机制,制定跨区域科技成果转移转化政策,建立统一的技术交易市场

1.2.3　省市区域实践行动

　　三省一市结合自身发展实际,分别从立法层面、规划层面、政策层面出台相关战略制度文件,强调推进创新机构建设。聚焦科技创新建设,三省一市分别出台相关文件（见表 1－4、表 1－5、表 1－6、表 1－7）。上海以立法形式出台了《上海市推进科技创新中心建设条例》,明确提出要着力激发和保障各类创新主体的活力和动力,构建长三角区域创新共同体。江苏、浙江、安徽分别出台"十四五"规划,强调高校、科研机构创新能力建设。例如,浙江省发布《浙江省科技创新发展"十四五"规划》,提出加快推进高水平高校和科研院所建设;聚焦聚力做强特色学科。支持行业特色高校面向地方需求开展应用技术研究;支持清华长三角研究院、中科院宁波材料所等建设。同时三省均出台围绕大学基础研究能力建设的文件。《江苏高水平大学建设方案(2021—2025年)》《浙江省高等学校基础能力建设"十四五"规划》《安徽省高等学校高峰学科建设五年规划(2020—2024年)》等,分别强调高水平、基础能力、高峰学科等能力建设。

表1-4 上海市促进高等院校、科研机构创新发展的政策文件

时间	名称	发文机构	政策要点
2020年1月20日	上海市推进科技创新中心建设条例	上海市第十五届人民代表大会第三次会议通过	共9章59条,从法律层面确定了科创中心的基本框架,为相关配套制度的制定和实施提供依据,加快形成制度保障体系;着力激发和保障各类创新主体的活力和动力,为科研事业单位放权松绑,扩大科研事业单位选人用人、科研立项、成果处置等方面的自主权,着力培育新型研发机构;构建长三角区域创新共同体,鼓励相关创新主体组织或者参与国际大科学计划和大科学工程,积极融入全球科技创新网络
2020年4月26日	关于强化知识产权保护的实施方案	上海市委办公厅、市政府办公厅	聚焦打造国际知识产权保护高地目标,围绕知识产权严保护、大保护、快保护、同保护关键环节,提出了一系列具体举措
2020年8月25日	关于加快推进我市大学科技园高质量发展的指导意见(沪委办〔2020〕47号)	上海市委办公厅、市政府办公厅	引导大学科技园增强"创业孵化、成果转化、人才培养、辐射带动"功能,使大学科技园成为高校科技成果转化"首站"和区域创新创业"核心孵化园"
2021年5月28日	上海市促进科技成果转移转化行动方案(2021—2023年)(沪府办规〔2021〕7号)	上海市人民政府办公厅	明确"一个核心"暨建设高标准技术市场体系;提出"三个原则",即市场配置、政府引导,全球视野、上海特色,问题导向、提质增效;提出4个方面11条任务;从成果供给侧,提升高校院所和医疗机构成果转化运用能力,包括建立成果全周期管理制度,加强技术转移运营机构建设2个方面;从技术市场生态方面,提升技术要素市场化配置能力,包括夯实交易场所功能等

（续表）

时间	名称	发文机构	政策要点
2021 年 8 月 26 日	关于进一步加强本市技术合同认定登记工作的通知（沪科〔2021〕320 号）	上海市科学技术委员会	通知在原有工作基础上，从完善技术合同认定登记服务体系、规范技术合同认定登记范围、落实技术合同认定登记优惠政策、试点开展行政审批告知承诺制等 4 方面，提出了新要求、新举措，进一步扩大本市技术市场规模

表 1-5　江苏省促进高等院校、科研机构创新发展的政策文件

时间	名称	发文机构	政策要点
2020 年 12 月 19 日	江苏省"产业强链"三年行动计划（2021—2023 年）（苏政办发〔2020〕82 号）	江苏省人民政府办公厅	加快新型研发机构产业链布局。积极促进国内外一流大学技术创新成果产业化中心布局重点产业链；加强长三角区域产业链协作配套，鼓励支持企业建立跨国、跨省市、跨产业链合作机制和合作模式，稳定供应链、提升价值链；提升产业链国际合作水平
2021 年 2 月 5 日	江苏高水平大学建设方案（2021—2025 年）（苏政发〔2021〕14 号）	江苏省人民政府	到 2025 年，江苏更多高校进入国家层面开展的一流大学和一流学科建设行列。大力推进科研组织模式创新，发挥高校、科研院所、企业等主体优势，开展协同合作；发挥高校学科集群优势，服务重点产业发展需求；推动高品质国际合作交流；推进江苏高校优势学科建设工程、江苏高校品牌专业建设工程、江苏高校协同创新计划、江苏特聘教授计划"四大专项"建设
2021 年 2 月 19 日	江苏省国民经济和社会发展第十四个五年规划和二〇三五年远景目标纲要（苏政发〔2021〕18 号）	江苏省人民政府	推动科技成果评价的社会化、市场化和规范化，大幅提高科技成果转移转化效率；加强高校院所技术转移平台建设，支持企业与高校院所合作共建技术转化与产业化基地；进一步完善专利制度，实施高价值专利培育升级工程，深入推进重点产业专利导航
2021 年 8 月 27 日	江苏省"十四五"知识产权发展规划（苏政办发〔2021〕58 号）	江苏省人民政府办公厅	提出到 2025 年，知识产权创造质量显著提高，万人高价值发明专利拥有量达 17 件，新增海外发明专利授权量达 2 万件；在战略性新兴产业、先进制造业等关键技术领域和重点产业领域，形成一批高价值知识产权；支持高校、科研院所产出一批具有世界领先水平的原创性、基础性专利；到 2025 年，建设省级高价值专利培育示范中心 100 个

表 1-6　浙江省促进高等院校、科研机构创新发展的政策文件

时间	名称	发文机构	政策要点
2019 年 12 月 27 日	浙江省技术转移体系建设实施方案(浙科发成〔2019〕114号)	浙江省科学技术厅	鼓励和支持高校院所依托自身优势,深耕专业领域,发展专业化技术转移机构,加快转移本单位和该专业领域的科技成果;探索长三角技术转移组织和技术转移人才标准互认;探索 G60 科创走廊(浙江段)沿线城市技术转移促进机制,破除技术转移壁垒;推广"一院一园一基金"模式,完善孵化器、技术市场、技术转移组织、技术经理人和产业基金等要素配置;加强与海外高校、企业、科研机构以及国际技术转移机构合作,形成链接全球的网络体系
2021 年 3 月 1 日	浙江省人民政府办公厅关于加强技术创新中心体系建设的实施意见(浙政办发〔2021〕12 号)	浙江省人民政府办公厅	到 2025 年,争取综合类国家技术创新中心在浙江布点,争创领域类国家技术创新中心 1~2 家;依托创新能力突出的领军企业、高校和科研院所,整合产业链上下游优势创新资源,布局建设综合性或专业化的省技术创新中心;争取长三角国家技术创新中心在浙江布点,与长三角其他省市共同打造具有全球影响力的综合类国家技术创新中心;抢占一批前沿技术制高点,布局一批国内外高价值发明专利
2021 年 3 月 31 日	浙江省高等学校基础能力建设"十四五"规划	浙江省发展和改革委员会、浙江省教育厅	提出结合全省各市、各新区和各大科创走廊的主导产业体系需求,针对性引进 15 所左右的高水平高校或科研院所开展合作办学;加强开放合作,推动构建长三角一体化高等教育协同发展机制;推动构建长三角优质高等教育资源共享平台
2021 年 5 月 27 日	浙江省知识产权发展"十四五"规划(浙发改规划〔2021〕211 号)	浙江省发改委、浙江省市场监督管理局	提出争取设立中国知识产权长三角公共服务平台,持续完善"三省一市"电子商务领域知识产权监管协作;强化高质量知识产权培育和前瞻布局;率先在浙江大学等国家知识产权试点示范高校;优化高校、科研院所等知识产权高质量创造评价激励,完善知识产权收益分配机制,加大职务发明激励力度;完善知识产权赋能产业机制;组建一批知识产权联盟,打通从高质量专利到专利密集型产品、专利密集型产业的转化通道;促进知识产权成果交易转化,打造以专利开放许可和知识产权交易为重点的服务平台

（续表）

时间	名称	发文机构	政策要点
2021 年 6 月 2 日	关于加强高校院所科技成果转化的实施意见（浙科发成〔2021〕20 号）	浙江省科技厅、教育厅、财政厅等五部门	到 2025 年，全省高校院所输出技术成交额实现倍增，以转让、许可、作价投资方式转化科技成果的合同项目增长 50％，与企业开展的产学研合作项目增长 20％；高校院所承担单个横向项目实际到账总金额 300 万元及以上且通过自主验收合格的，可视同省重点研发计划项目；发挥高校院所技术转移联盟作用
2021 年 6 月 11 日	浙江省科技创新发展"十四五"规划（浙政发〔2021〕17 号）	浙江省人民政府	加快推进高水平高校和科研院所建设；聚焦聚力做强特色学科；支持行业特色高校面向地方需求开展应用技术研究；支持科研院所深化改革，加强基础研究与应用基础研究能力建设；大力引进培育高水平新型研发机构；支持清华长三角研究院、中国科学院宁波材料所等建设；加快长三角科创共同体建设，推进长三角优势力量和资源协同

表 1-7　安徽促进高等院校、科研机构创新发展的政策文件

时间	名称	发文机构	政策要点
2020 年 6 月 5 日	安徽省高校协同创新项目管理暂行办法（皖教科〔2020〕6 号）	安徽省教育厅	按照"创新引领、需求导向、开放共享、深度融合"的原则，设置征集类项目、整合类项目、遴选类项目等 3 种类型项目；征集类项目为企业牵头，高校参与；整合类项目重点依托重点实验室等，开展联合研究
2020 年 7 月 22 日	安徽省高等学校高峰学科建设五年规划（2020—2024 年）（皖政办〔2020〕11 号）	安徽省人民政府办公厅	提出建设Ⅰ、Ⅱ、Ⅲ 3 个层次高峰学科的要求；在建设举措中提出，要立足发展特色，以服务地方特色产业为目标，整合学科优势资源和技术力量；提出要推进协同创新，加强高校协同创新联盟建设，强化科技与经济、创新项目与现实生产力、创新成果与产业对接
2021 年 2 月 1 日	安徽省国民经济和社会发展第十四个五年规划和 2035 年远景目标纲要	安徽省第十三届人民代表大会第四次会议批准	支持中国科学技术大学牵头联合有实力的高校院所，创建国家基础学科研究中心；把握国家重点实验室优化重组机遇，整合省内高校院所、企业等优势力量，创建更多"国字号"创新平台；加快推进科技成果转化；强化需求导向的科技成果供给；完善"创新成果＋园区＋基金＋'三重一创'"科技成果转化"四融模式"

1.3 高质量发展导向的高新区发展目标定位

国家高新区经过 30 余年发展,已经成为转变发展方式、优化产业结构、增强国际竞争力的主阵地,是实现科技强国目标的关键载体。2021 年以来,为加快推进高新区发展,各地高新区积极组织编制发布"十四五"规划,强化综合高质量发展目标的牵引,以目标导向驱动高新区更高质量发展。

1.3.1 长三角重点高新区规划

2020 年以来,各地高新区积极启动"十四五"规划编制工作,并于 2021 年陆续发布(见表 1-8)。发布时间和发布层级略有差异,主要体现在以下两方面:一是发布时间上多数集中在 2021 年 3 月至 2022 年 3 月之间。杭州高新区发布时间最早,深圳高新区相对而言发布时间最晚。大部分高新区发布时间集中在 2021 年下半年,包括张江、武汉、西安等高新区规划。二是发布单位层级多数为高新区管理机构。张江、苏州、合肥等规划均为管理机构职能部门发布,具体推进规划部署实施。比较来看,张江规划发布时间和发布层级相对适中,表明在落实"十四五"规划方面,与全国各地高新区保持一致。

表 1-8 国内重点高新区"十四五"规划文件

时间	文件名称	发文机构
2021 年 3 月	杭州高新技术产业开发区杭州市滨江区国民经济和社会发展第十四个五年规划和二〇三五年远景目标纲要	杭州市滨江区人民政府
2021 年 3 月	苏州工业园区国民经济和社会发展第十四个五年规划和二〇三五年远景目标纲要	苏州工业园区管理委员会
2021 年 5 月	苏州高新区(虎丘区)国民经济和社会发展第十四个五年规划和二〇三五年远景目标(苏高新管〔2021〕60 号)	苏州高新区管委会
2021 年 5 月	合肥高新技术产业开发区国民经济和社会发展第十四个五年规划和 2035 年远景目标纲要(合高管〔2021〕63 号)	合肥高新技术产业开发区管理委员会
2021 年 7 月	上海张江高新技术产业开发区"十四五"规划(沪科创办〔2021〕72 号)	上海推进科技创新中心建设办公室

（续表）

时间	文件名称	发文机构
2021 年 10 月	"十四五"时期中关村国家自主创新示范区发展建设规划	中关村科技园区管理委员会
2021 年 12 月	苏南国家自主创新示范区发展规划纲要（苏科发〔2021〕290 号）	江苏省科学技术厅、江苏省发展改革委
2022 年 2 月	深圳国家高新区"十四五"发展规划	深圳国家高新区领导小组

1.3.2 高新区发展目标解析

各地高新区根据地理区位、资源禀赋、发展阶段和水平等情况，在规划中提出了具体的发展目标。尽管各区的发展定位不同，但所有高新区均聚焦于园区的世界影响力，致力于建设成为世界一流高科技园区。主要特点表现如下。

一是瞄准中长期，提出 2035 年发展目标。各地高新区"十四五"规划均强调了更加长远的规划目标，不仅提出了 2025 年的目标定位，而且进一步强化了 2035 年的定位。例如，张江、合肥等高新区均提出了到 2035 年的目标，为引导高新区长期发展提供长期战略指引。

二是紧扣"全球化"，提出建设具有国际影响力的科技园区。张江高新区提出建设全球影响力的科技园区，中关村示范区、深圳高新区提出建设"世界领先的科技园区"，杭州、合肥、西安等高新区提出建设"世界一流"高科技园区。高新区未来将成为代表国家参与全球竞争的关键载体。

三是强调区域特色，突出创新引领示范能力。中关村示范区提出"科技创新的重要引擎和世界版图的重要一极"，强调了创新引领作用；深圳高新区提出"卓越竞争力"；西安高新区提出"硬科技创新"；武汉东湖高新区提出"世界光谷"；张江高新区紧扣国家高新区高质量发展要求，强调建设"创新驱动发展示范区"和"高质量发展先行区"的目标，更加紧扣国家发展需求。

1.3.3 高新区发展规划指标分析

定量指标是衡量高新区未来发展的"标尺"，是规划中的"硬指标"，具有相对更强的衡量属性。各地高新区规划的定量指标表现出共性、差异性并存。共性方面，定量指标基本上围绕创新能力、创新型企业主体、创新产业集群、创新创业环境和绿色发展 5 个维度提出。差异性表现为各地高新区突出了不同要素特点,并且由于管理机制的不同,呈现出行政区属性与非行政区属性的差异。

从定量指标数量上看,多数高新区规划指标为 8~20 个,个别高新区提出了 35 项发展指标。深圳、苏州、西安高新区均提出了 8 个具体指标值;张江高新区、中关村示范区、苏南国家自主创新示范区、武汉东湖高新区分别提出 10、15、17、18 个指标值;杭州高新区、合肥高新区提出 30 个指标;苏州工业园的指标数量最多,为 36 个。相比而言,行政区管理体制的高新区受制于管理考核约束,指标项相对复合,指标数量也较多。

(1) 创新能力指标比较。从体现创新发展的 3 个主要指标来看,张江高新区研发强度、技术合同目标值居中,专利目标值最高。研发强度指标方面,深圳高新区为 13.67%,中关村示范区为 12%、杭州高新区为 10%,张江高新区、苏州工业园区和苏州高新区该指标均超过 6%,分别为 7.5%、6% 和 5.5%。武汉东湖和合肥高新提出研发投入增速分别达到 12% 以上与 10% 以上。在专利数量指标方面,张江高新区、苏州工业园、苏南国家自主创新示范区、东湖高新区,以及合肥高新区将"每万人高价值发明专利拥有量"作为目标,张江高新区以 120 件位居首位,东湖高新区为 115 件,苏州工业园区、苏南国家自主创新示范区和合肥高新区三地该目标值均未超过 50 件。有 3 家高新区以"每万名从业人员发明专利拥有量"作为目标。其中,中关村示范区以 1 000 件的目标值遥遥领先,杭州高新区 450 件,深圳高新区 260 件。在技术合同指标方面,有 5 家高新区设定了相应的发展目标。其中,中关村示范区最高为 6 200 亿元,张江高新区 2 500 亿元,深圳高新区 820 亿元。

(2) 创新企业主体。为强化企业创新主体地位,规划中均提出了企业发展的具体目标,重点在高企数量、上市公司数量以及独角兽企业数量方面,张江高新区总体定位目标居前。张江高新区提出高新技术企业数量达到 15 000 家,深圳高新区目标是 7 000 家,西安高新区 6 000 家,杭州、苏州高新区该目标的设定均未超过 5 000 家。上市企业数量是高新区发展规划中另外一个重要目标,共有 6 地高新区对该指标做出相应的部署。中关村示范区上市公司数量目标为 500 家,深圳高新区为 200 家,张江高新区为五年新增 100 家,杭州高新区和苏州工业园区的目标均设定为 100 家。还有一些高新区针对独角兽、瞪羚企业数量做出了规划。中关村示范区、苏南国家自主创新示范区制定的独角兽企业目标分别为 100 家、30 家。武汉东湖高新区的瞪羚企业目标值为 1 万家,合肥高新区是 2 000 家。

（3）创新产业集群。各高新区均注重强化高端产业引领功能，着力增强产业链供应链自主可控能力，培育具有全球影响力的创新产业集群。张江高新区计划到 2025 年战略性新兴产业工业总产值占全市比例达 70% 以上，集成电路、人工智能、生物医药等产业规模年均增长分别为 20%、15%、8% 左右。杭州、苏州等地的高新区注重数字科技行业的创新发展。杭州高新区提出数字经济核心产业增加值占 GDP 比例达 80% 以上；苏州工业园区的目标是达到 35%，武汉东湖为 30%。

（4）创新创业环境。良好的创新创业环境是创新的重要保障。各高新区将夯实创新创业环境视为区域创新发展的重要支撑，纳入"十四五"时期的发展规划中，具体发展指标主要涉及人才、研发机构、孵化平台等方面。张江高新区提出，着力建设国际人才实验区，计划到 2025 年实现企业外籍常驻人员和留学归国人员占比 2.8%，在孵科技企业达到 10 000 家。杭州高新区目标为新引进人才数量达 38 000 人，拥有国家级研发机构 26 个。苏州工业园区计划到 2025 年，引进培育科技领军人才 4 000 名。

（5）绿色发展成为高质量发展的重要指标。绿色发展是园区高质量发展的核心要素，其中有 3 家高新区提出能耗目标。张江高新区提出将 2025 年单位增加值综合能耗目标设定为 0.12 吨标准煤/万元，苏南国家自主创新示范区的目标为 0.3 吨标准煤/万元，杭州高新区最低为 0.03 吨标准煤/万元。苏州高新区提出实现绿色产业增加值占全区比例大于 40%，还有 2 家高新区制定了优化绿色生态环境的目标。武汉东湖高新区提出，2025 年森林覆盖率达到 8.26%，合肥高新区提出建成区绿化覆盖率达 49.8%。

2020 年 7 月，国务院印发了《关于促进国家高新技术产业开发区高质量发展的若干意见》，提出将国家高新区建设成为创新驱动发展示范区和高质量发展先行区，为高新区发展进一步指明方向。各地高新区紧跟国家战略，谋划布局，从"十四五"规划比较发现，张江高新区创新能力指标、企业主体指标、产业集群、创新生态方面总体定位靠前，绿色发展指标方面相对定位居后。

张江高新区创新能力指标方面，研发强度指标虽居于中关村示范区、深圳高新区之后，但总体高于上海城市水平约 1 倍。在专利指标、技术合同指标方面，张江高新区居前。在企业主体培育方面，张江高新区高企总体数量定位居前，上市企业数量总体定位居中，但相对缺少对独角兽企业的定位。在产业集群定位方面,张江高新区总体定位符合城市发展需求,产业定位相对明晰。在创新生态打造方面,张江高新区优势体现为海外人才的吸引力。在绿色发展方面,张江高新区指标相对居后,与整体产业结构中工业比例相对较高、能耗相对较高有关。

综合来看,张江高新区未来仍需加大研发投入力度,培育行业科技领军企业,扶持科技独角兽企业,加大对各类人才的引进力度,成为国际国内人才集聚枢纽。加快绿色技术开发,进一步优化产业结构。

1.4　体系化发展导向的技术市场发展行动

技术要素是重要的生产要素之一,技术市场是推进技术要素发展的重要载体,特别是在促进技术转化、技术扩散方面发挥了重要的作用。从国家和地方层面来看,战略方面强化了技术市场的跟踪分析、监测预警、数字化赋能、资本结合等功能建设,强化了对技术市场的综合运用和功能强化。

1.4.1　国家层面战略部署

2020 年以来,国家层面围绕技术要素市场出台了系列重要政策文件(见表 1-9),为技术市场高质量发展奠定坚实基础。2020 年 3 月 30 日,《中共中央国务院关于构建更加完善的要素市场化配置体制机制的意见》提出土地、劳动力、资本、技术、数据 5 个要素领域的改革方向和具体举措,进一步明确技术要素市场地位。2021 年 1 月 31 日,中共中央办公厅、国务院办公厅印发《建设高标准市场体系行动方案》,提出要"积极防范市场异常波动和外部冲击风险。加强对技术等重点市场交易的监测预测预警"。2021 年 12 月 21 日,《国务院办公厅关于印发要素市场化配置综合改革试点总体方案的通知》提出"完善技术要素交易与监管体系,推进科技成果进场交易。"2022 年 3 月 25 日,《中共中央国务院关于加快建设全国统一大市场的意见》提出要"建立健全全国性技术交易市场。推动各地技术交易市场互联互通。"2022 年 9 月 30 日,科技部印发《"十四五"技术要素市场专项规划》,提出"支持中国技术交易所、上海技术交易所、深圳证券交易所等机构建设国家知识产权和科技成果产权交易机构,建设具备智能评价分析、供需精准匹配、交易统计监测、大数据风险预警等先进功能的新一代信息基础设施。"基于数据分析、聚焦技术要素、技术交易等大数据开展指数监测分析,既能有效地观测区域技术市场发展态势,也能发挥预警与监测功能,成为指征技术市场发展的重要"晴雨表",并通过不同层级的构建,形成既具有宏观监测、又具备微观价格指导意义的重要指数工具,是兼具理论研究与实践指导的有益探索,从而为推进上海技术市场高质量发展,打造区域技术交易枢纽提供重要支撑(具体见表1-9)。

表1-9 国家层面关于技术要素市场方面的重要文件

时间	文件名	文件要点
2020 年 3 月 30 日	国务院关于构建更加完善的要素市场化配置体制机制的意见	加快发展技术要素市场;健全职务科技成果产权制度;强化知识产权保护和运用,支持相关领域自主知识产权市场化运营;完善科技创新资源配置方式;培育发展技术转移机构和技术经理人;促进技术要素与资本要素融合发展;健全科技成果交易平台,完善技术成果转化公开交易与监管体系;研究制定技术市场交易管理制度
2021 年 1 月 31 日	中共中央办公厅、国务院办公厅印发《建设高标准市场体系行动方案》	发展知识、技术和数据要素市场;创新促进科技成果转化机制;完善国家技术转移体系;健全职务科技成果产权制度;设立知识产权和科技成果产权交易机构;支持中国技术交易所、上海技术交易所、深圳证券交易所等机构建设国家知识产权和科技成果产权交易机构,在全国范围内开展知识产权转让、许可等运营服务,加快推进技术交易服务发展;积极防范市场异常波动和外部冲击风险;加强对大宗商品、资本、技术、数据等重点市场交易的监测预测预警,研究制定重大市场风险冲击应对预案
2021 年 12 月 21 日	国务院办公厅关于印发要素市场化配置综合改革试点总体方案的通知(国办发〔2021〕51 号)	大力促进技术要素向现实生产力转化;健全职务科技成果产权制度;完善技术要素交易与监管体系,推进科技成果进场交易;完善科技创新资源配置方式;推进技术和资本要素融合发展;支持金融机构设立专业化科技金融分支机构,加大对科研成果转化和创新创业人才的金融支持力度。完善创业投资监管体制和发展政策;完善知识产权融资机制,扩大知识产权质押融资规模
2022 年 3 月 25 日	中共中央、国务院关于加快建设全国统一大市场的意见	加快培育统一的技术和数据市场;建立健全全国性技术交易市场,完善知识产权评估与交易机制,推动各地技术交易市场互联互通;完善科技资源共享服务体系,鼓励不同区域之间科技信息交流互动,推动重大科研基础设施和仪器设备开放共享,加大科技领域国际合作力度
2022 年 9 月 30 日	"十四五"技术要素市场专项规划(国科发区〔2022〕263 号)	提高运用大数据等方式预警识别市场运行风险能力;支持中国技术交易所、上海技术交易所、深圳证券交易所等机构建设国家知识产权和科技成果产权交易机构,建设具备智能评价分析、供需精准匹配、交易统计监测、大数据风险预警等先进功能的新一代信息基础设施

1.4.2 长三角区域战略部署

2020 年,科技部公布的《长三角科技创新共同体建设发展规划》明确提出,建立完善长三角一体化技术交易市场网络。对接国家规划任务,长三角三省一市加快推进技术市场建设,制定出台相关政策(见表 1 – 10)。综合来看,上海政策更加凸显成果转化与人员绩效改革方面;浙江强化"数字＋技术市场",推进网上技术市场建设;安徽以技术大市场建设、相关政策补贴,激发技术市场活力;江苏强调技术与资本的结合,突出改革导向。

表 1 – 10 长三角三省一市相关政策梳理表

省份(市)	时间	文件名称	相关内容
上海市	2023 年 7 月 31 日	上海市科技成果转化创新改革试点实施方案(沪科规〔2023〕9 号)	注重改革举措的可操作性,统筹协调更多技术要素市场资源。建立科技成果市场化评价与合规交易保障机制
	2021 年 11 月 26 日	上海市事业单位绩效工资管理中技术合同奖酬金发放的若干规定(沪科规〔2021〕20 号)	按照本规定开展的三技合同奖酬金提取和发放,不受单位核定的绩效工资总量限制
	2021 年 5 月 28 日	上海市促进科技成果转移转化行动方案(2021—2023 年)(沪府办规〔2021〕7 号)	完善技术合同登记政策,优化技术市场服务;科研事业单位技术开发、技术咨询和技术服务合同可按照有关文件规定提取奖酬金,奖酬支出不受核定的绩效工资总量限制;健全技术合同登记服务网络
浙江省	2023 年 12 月 5 日	浙江省人民政府办公厅关于加快构建市场导向的科技成果转化机制的意见(浙政办发〔2023〕64 号)	打造中国浙江网上技术市场升级版;完善技术交易标准规范、技术市场运营规则。加强网上技术市场等系统互联互通
	2023 年 11 月 14 日	关于强化企业科技创新主体地位加快科技企业高质量发展的实施意见(2023—2027 年)(浙科发高〔2023〕55 号)	高标准建设中国浙江网上技术市场,健全协议定价、挂牌交易、拍卖、资产评估等"浙江拍"交易定价模式,推动中国浙江网上技术市场成为科技成果转化的重要载体

（续表）

省份（市）	时间	文件名称	相关内容
	2021 年 12 月 25 日	浙江省推进技术要素市场化配置改革行动方案（省科领办〔2021〕5 号）	打造"浙江拍"，探索技术要素价格发现机制。建立挂牌制度，强化技术要素共享使用机制；推进技术入股，完善技术要素市场评价机制
安徽省	2023 年 10 月 24 日	安徽省科技创新券管理办法（试行）（皖科资〔2023〕12 号）	各市要积极采取技术合同认定等措施做好购买科技服务项目的认定审核工作，并依据服务订单金额给予不超过 50% 的补贴
	2022 年 12 月 30 日	关于加快安徽科技大市场建设的实施意见（皖科区〔2022〕13 号）	构建统一的技术要素市场服务体系；整合安徽网上技术市场、技术产权交易市场、知识产权运营平台等线上平台，形成一体化运营的科技成果转化数据平台
	2017 年 4 月 22 日	安徽省人民政府关于印发支持科技创新若干政策的通知（皖政〔2017〕52 号）	促进科技成果转化产业化：对省内高校院所在皖实施转移转化、产业化的科技成果，按其技术合同成交并实际到账额（依据转账凭证），省给予 10% 的补助，单项成果最高可达 100 万元
江苏省	2023 年 6 月 26 日	关于支持江苏省产业技术研究院改革发展若干政策措施（苏政办规〔2023〕8 号）	支持和推动江苏产业技术研究院（以下简称省产研院）改革发展，不断提高科技成果转化和产业化水平
	2021 年 4 月 25 日	中共江苏省委江苏省人民政府关于构建更加完善的要素市场化配置体制机制的实施意见	加快发展技术要素市场，高效推动技术要素向现实生产力转化；促进技术要素与资本要素融合发展

长三角科创共同体一体化体制创新

科技创新共同体建设是推动区域创新一体化发展的重要手段,在协同治理方面具有重要的政策示范意义。长三角科技创新共同体建设机制日益完善,从联合攻关、培育战略科技力量、打造创新产业集群、推进资源共享、构建重点区域示范等方面开展了较多探索和实践。本章着重分析长三角科创共同体建设基础以及面临的问题和挑战,并提出对策建议。

2.1 科创共同体建设背景与形势

20 世纪 90 年代以来,随着区域创新合作的增加,建设区域协同创新共同体成为一个世界热点问题。2008 年,美国大学科技园区协会等组织共同发布了《空间力量:建设美国创新共同体体系的国家战略》(Association of University Research Parks,2008)和《空间力量 2.0:创新力量》等报告,给予科技创新和产业发展的空间因素以高度的关注,提出了"创新共同体"这一协同创新的新组织形式。区域创新共同体指的是在一定区域内,企业与协同创新主体之间在长期正式或非正式合作与交往过程中所形成的稳态系统(刘宾等,2016)。区域创新共同体是地理位置邻近,以共同的创新愿景和产业发展目标为导向,共享人才、技术、资金等创新资源,开展创新合作与产业链协同的自觉性新型创新组织模式(曹方等,2023)。

当前,世界主要的发达经济体都在竞相推进区域、全国乃至全球性的创新共同体。2000 年 1 月,欧盟委员会提出建设欧洲研究区,目标是解决欧盟地区研究与创新系统分割化问题,促进创新协同,提高欧盟的整体创新能力。目前,欧洲研究区的治理体系逐步健全,其在多层次治理框架下不同层级的治理结构得到了优化,特别是在推动区域间创新主体合作方面积累了丰富的经验。美国也在推进区域创新共同体建设,在美国波士华区域创新共同体中,波士顿借助资金筹集和风险投资等金融优势,形成了以高等教育、地方金融、微电子工业和生物工程等为特色的美国科技创新中心;费城依靠老工业重镇基础,逐渐发展成为以国防工业和电子产业等为主的城市。

我国也在积极推进区域创新共同体建设。党的二十大报告指出,要促进区域协调发展,深入实施区域协调发展战略、区域重大战略,构建优势互补、高质量发展的区域经济布局和国土空间体系,统筹推进国际科技创新中心、区域科技创新中心建设。京津冀、长三角、粤港澳三大区域均积极围绕区域创新共同体建设,发布规划、制定相关政策。2023 年 11 月,北京、天津、河北三地人大常委会分别审议通过《关于推进京津冀协同创新共同体建设的决定》,着力以法治手段整合区域创新资源,健全区域创新体系,对协同创新共同体建设做出制度安排。2019 年,《粤港澳大湾区发展规划纲要》明确提出,大湾区建设国际科技创新中心,深化粤港澳创新合作,构建开放型融合发展的区域协同创新共同体。长三角城市群是我国经济发展最活跃、开放程度最高、创新能力最强的区域之一,把长三角一体化发展上升为国家战略是党中央做出的重大决策部署。2019 年《长江三角洲一体化发展规划纲要》明确,要深入实施创新驱动发展战略,走"科创＋产业"道路,构建区域创新共同体。

2.2 长三角科技创新共同体发展经验

长三角科创共同体建设以"推进长三角科技创新一体化,提升区域核心竞争力"为主线,瞄准世界科技前沿、围绕国家重大需求,立足区域科技创新资源禀赋,在创新策源功能打造、跨区域关键核心技术联合攻关、创新生态体系建设、区域创新示范方面取得新突破、积累新的实践。

2.2.1 长三角科技创新协同联动机制

三省一市在科技部的支持指导下,开辟先行路径,找准长三角科技创新共同体协同创新的新定位、核心坐标,努力形成"1＋1＋1＋1 大于 4"的局面。

(1)科技部、三省一市协同的"4＋1"新机制。2022 年 4 月 27 日,科技部印发《关于印发长三角科技创新共同体建设办公室成员单位名单的通知》,确立了长三角科技创新共同体建设办公室制度框架。即:科技部、三省一市协同的长三角科技创新共同体联合攻关合作的"4+1"机制。2022 年 8 月 27 日,长三角科技创新共同体建设办公室首次会议召开,科技部战略规划司、三省一市科技厅(委)形成工作专班季度会商机制,科技部、三省一市协同的长三角科技创新共同体建设办公室、工作专班、秘书处制度框架基本形成。2022 年 10 月,三省一市选派干部赴沪集中办公,跨省市、跨单位的长三角科技干部交流机制迈出了新步伐。

(2) 跨区域、一体化"1+1+N"政策协同新举措。2022 年 7 月 24 日,科技部、上海市人民政府、江苏省人民政府、浙江省人民政府、安徽省人民政府共同制定了《长三角科技创新共同体联合攻关合作机制》(以下简称《合作机制》),提出建立部省(市)协同的组织协调机制、产业创新融合的组织实施机制、绩效创新导向的成果评价机制、多元主体参与的资金投入机制,以"一体化"意识和"一盘棋"思想,引领建设长三角科技创新共同体。《合作机制》被推选为 2022 年度"中国科技资源管理领域十大事件"。三省一市科技厅(委)联合印发《三省一市共建长三角科技创新共同体行动方案(2022—2025 年)》,进一步强化了战略协同、高地共建、开放共赢、成果共享。《关于促进长三角科技创新券发展的实施意见》发布 4 项任务(以下简称《实施意见》)。《实施意见》提出,到 2025 年,长三角科技创新券政策实现全域互联互通。

(3) 科协聚力,搭建区域科技产业协作新平台。三省一市科协组织在长三角区域一体化发展的国家战略中充分发挥"智库、学术、科普"等创新服务功能,合力推进建设长三角科技创新共同体。聚焦长三角一体化发展,联合江苏、浙江、安徽科协举办长三角科技论坛,开辟区域科技交流综合平台;成立 2 年的长三角助力创新联盟,集聚长三角地区国家级(省级)学会、企业(园区)科协和高校科协的院士专家高端智力资源,搭建各方相互协作的平台,汇聚更多的优势创新资源和要素,促进创新链与产业链深度融合,服务长三角区域经济高质量发展;同时,引领联盟会员单位在助力区域创新实践中加强交流与合作,共同提升"四服务"能级。以"科创中国"品牌为引领,搭建服务平台,聚集优质科技资源,推动跨行业、跨领域的交流合作。

2.2.2 长三角联合打造战略科技力量

2022 年以来,三省一市以培育原始创新能力为导向,注重自由探索和战略需求牵引并重,加快构建战略目标明确、运行机制高效、资源整合有力的高水平科研体系,国家战略科技力量建设取得积极进展,高水平科技创新平台体系进一步完善,重大科学基础设施集群进一步壮大。

(1)战略科技力量协同体系加快推进。三省一市积极构建以国家实验室为引领的科技创新能力体系,按照"核心+基地+网络"布局要求,将已挂牌和即将组建的国家实验室在长三角区域内互设基地,集聚长三角优势科研单位团队,打造创新网络,加快实现高水平科技自立自强。三省一市注重协同创新平台建设,推进长三角国家创新中心、之江实验室等建设。

上海强化战略科技力量,国家实验室体系建设"3+4"总体格局初现。上海牵头组建的 3 家国家实验室完成高质量入轨运行,已集聚包括两院院士、领军科学家、海外人才等在内的科研人员约 1 500 人,并取得一批重大原创性成果;4 家国家实验室基地已先期启动,支持和培育一批新型研发机构。2022 年,智慧天网(2 期)、阿尔茨海默病发病机制、重大突发传染病防控、脑机接口、光学忆阻器的纳米光芯片等 5 个市级科技重大专项启动,截至 2022 年已启动 15 个市级科技重大专项(见图 2-1)。

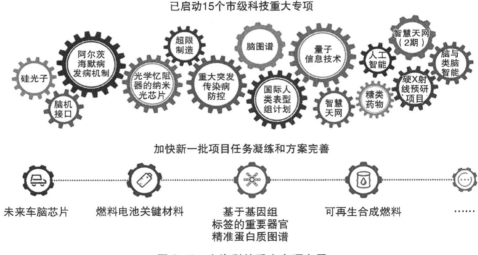

图 2-1 上海科技重大专项布局

资料来源:《上海科技进步报告 2022》。

江苏实施战略科技力量培育工程为牵引,重点建好 3 类平台。在实验室方面,支持紫金山实验室、太湖实验室、钟山实验室建设,牵头承担 6G、深海空间站、生物育种等国家战略任务；在技术创新中心方面，围绕特种合金、集成电路设计自动化等领域，争创国家技术创新中心；在重大科研设施方面，预研建设信息高铁综合试验设施、全脑在单体神经元解析成像实验装置等重大设施，大力推进在苏国家重点实验室重组和新建全国重点实验室，加快形成战略科技力量建设新格局。

浙江破解"第一短板"，布局创新源头、打造高能级创新平台。浙江省高能级科创平台渐呈集群态势：之江实验室、湖畔实验室、良渚实验室、西湖实验室、瓯江实验室、甬江实验室、天目山实验室、白马湖实验室、东海实验室和湘湖实验室十大省实验室相继落地，浙江大学、西湖大学等高校院所成果频出；引进大院名校、共建创新载体，浙江清华长三角研究院等一批科研机构加快建设。持续大力推进新型研发机构布局，截至 2022 年底，全省累计培育建设新型研发机构 206 家，省级新型研发机构 68 家。

安徽实施专项推进行动，推动高水平实验室体系建设。全力争创全国重点实验室等，打造"国字号"高能级创新平台。量子科技实现从跟跑到并跑领跑，聚引全国约 1/3 量子企业，量子信息未来产业科技园获批国家建设试点培育。大科学装置呈现集群化发展，全超导托卡马克等离子体运行、稳态强磁场场强打破世界纪录。积极推动全国重点实验室建设，累计建成"国字号"创新平台 216 家，安徽省实验室、技术创新中心 34 家。培育科技领军企业 48 家。

案例 1：长三角国家技术创新中心加快推进

（1）建设背景。

2022 年 3 月，上海市人民政府办公厅印发《关于本市推进长三角国家技术创新中心建设的实施意见》，支持其打造成为国家技术创新体系战略节点。

（2）特色举措。

一是开展团队控股、混合所有制的新型研发机构建设。面向长三角重点产业领域，遴选建设一批新型研发机构，机构采用混合所有制企业法人，坚持"多元投入、团队控股/持股、轻资产运营"的体制机制，最大限度调动科研人员的积极性。

二是以"拨投结合"的方式支持原创引领性、颠覆性技术项目，高效率用好科研财政资金。选聘项目经理团队,孵化成立核心团队绝对控股的项目公司,在项目早期先期给予科研经费支持;项目完成既定研发目标,若未获得市场融资,结题验收,宽容失败;待项目完成既定研发任务并启动融资时,前期国创中心支持资金按市场投资价格转化为公司股权。

三是以产业需求为导向的应用技术类项目支持机制。国创中心与行业龙头企业联合共建企业联合创新中心,聚焦企业愿意出资解决的技术需求,利用全球创新网络对接创新资源,组织技术联合攻关。以企业愿意出资解决作为真需求判断的"金标准",向全球创新合作伙伴进行需求与解决方案对接;对未能对接的关键共性技术需求,向政府建议纳入应用类技术项目指南,组织全球揭榜挂帅,财政匹配支持。

四是强化产教融合发展,培养创新型人才。以长三角产业需求为导向,与国内高校院所联合培养高层次产业创新人才,面向产业、面向实践、面向未来共同打造人才联合培养共同体,多措并举探索人才培养新机制。

（3）建设成效。

截至 2022 年底,长三角国家技术创新中心与 130 多家国内外知名高校、科研院所、外资研发机构开展战略合作,引进项目经理 278 名;与行业龙头企业累计共建 249 家企业联合创新中心,打造以产业需求为牵引,集创新资源、研发载体和产业需求于一体的技术创新体系。

注:根据长三角国家创新中心官方网站资料整理。

案例 2：之江实验室

（1）建设背景。

之江实验室成立于 2017 年 9 月,是由浙江省人民政府主导举办、浙江大学等院校支撑、企业参与的事业单位性质的新型研发机构,是全国首家政府、高校、企业三方共建,混合所有制事业单位性质的新型研发机构。

（2）特色举措。

一是创新科研组织模式。探索试行了科研团队的矩阵化管理模式,根据项目需要进行人员组合。目前,实验室规模超过百人的创新团队达 15

个。例如智能机器人研究中心设置了总体组、结构组、电控组等，小组根据项目需要灵活组建。

二是提升科研管理效率。探索项目服务管理机制。实验室创新性地实行以预算额度授权、全过程财务指导和全覆盖经费审计为核心的科研经费管理机制，配备行政秘书，让科研人员不必为经费犯愁，不必为预算头痛，不必为合规担忧。

三是优化成果转化机制。设计了全过程介入、专业化分工的成果转化机制，强化社会资本的引入。成立了发展合作部、浙江省之江发展基金会、之江实验室科技控股有限公司，实现前沿基础研究的多元化投入。截至目前已吸引社会资本 9.6 亿元。

四是科研与标准并进。成立了智能科技标准化研究中心，推动科技研发与技术标准研制紧密结合。例如获批筹建国家技术标准创新基地（智能计算），联合主导了国际电信联盟首次发布的隐私计算技术领域的国际标准等。

（3）建设成效。

截至 2022 年底，人才队伍总体规模已突破 4 000 人，其中全职员工近 3 000 人，学术带头人近 300 人，研究人员中博士以上学历占比超 90%。截至 2022 年底，之江实验室共承担来自科技部、工信部等国家部委单位的重要科研任务 80 项，研制国内首套基于拟态防御技术的内生安全工控系统，在《自然》及其子刊发表论文 5 篇。

注：根据之江实验室官方网站资料整理。

（2）协同科技攻关项目取得丰硕成果。部省市"三位一体"联合攻关新突破率先实现。科技部、三省一市紧密互动，实现任务联动、资金联合、管理联通"三位一体"，走出一条任务牵引、需求导向、政产学研联动的协同融合之路。2022 年长三角协同开展国家重点研发计划的项目数和资金额分别占三省一市获批国家立项总数和总额的 82%、84%。

部省市"三位一体"联合攻关新突破率先实现。按照《长三角科技创新共同体联合攻关合作机制》等文件部署，三省一市科技部门主要围绕集成电路、人工智能两大先导产业领域，实施"揭榜挂帅""赛马制"等新型项目管理模式，以"科创＋产业"为引领,联合突破一批关键核心技术。截至 2022 年底,三省一市遴选发布首批 20 项长三角企业需求,面向全国征集到 133 项解决方案,17 项需求解决,15 项纳入首批长三角联合攻关计划,长三角参与单位超过 40 家,总投入 5.13 亿元,财政投入 8 406 万元。在规则流程方面,做到统一发布、统一规则、统一管理"三统一";在平台支撑方面,国家科技管理信息平台提供系统支持、科技部高技术中心给予专家智力支撑。在具体实施方面,探索"揭榜挂帅"、创新联合体等新型组织方式跨区域协同的路径,推动企业成为创新决策、科研投入、组织科研和成果转化的主体,做到创新需求从企业来、解决方案由企业选、何时实施由企业定,保障企业找到真正有实力解决的揭榜者,确保政府资金用到真正创新的企业。

2.2.3 强化跨区域创新链产业链融合

以国家战略、经济社会发展和人民生活需求为导向,聚焦长三角重点产业,以关键核心技术联合攻关为抓手,强化区域优势产业创新协作,推动科技赋能产业发展,促进产业链创新链深度融合,培育产业创新集群高地,实现区域高质量发展。

(1) 长三角深化重点产业创新链互惠合作。截至 2022 年,长三角集成电路产业规模占全国近 60%,生物医药和人工智能产业规模均占全国约 1/3,新能源汽车产量占全国 38%。在人工智能领域,浙江大学李铁风教授团队联合之江实验室、上海海洋大学等建立适应万米深海压力的智能机器人系统原理与驱控方法,在国际上首次实现了软体机器鱼在马里亚纳海沟 10 900 米海底驱动航行,2022 年入选"2021 中国科学十大进展"。在生物医药领域,集萃比较医学研究所(江苏集萃药康生物科技股份有限公司)在科创板首次公开发行股票,成为长三角联合创新体系内首家上市的研发载体。在新能源领域,长三角太阳能光伏技术创新中心在江苏江阴签约落地。推进中国科学院与上海电气核电集团有限公司、浙江久立特材科技公司等单位加强聚变堆主机关键系统综合研究设施关键零部件联合研制。

(2) 先进制造领域加快协同攻关。积极发挥长三角先进制造业集聚优势,协同开展联合攻关。由常州先进制造技术研究所、中国科学院合肥物质科学研究院和上海硅酸盐研究所科研人员共同研制的"无容器材料实验腔体子系统",随天和核心舱进入中国空间站。在航空科技领域,G60 科创走廊将上千家企业纳入 G60 C919 国产大飞机供应商储备库,促成重点企业与中国商飞成立联合攻关团队、自主研发 ARJ21 辅助动力装置,实现原位替换、满足自主可控。

(3) 支撑重点产业领域发展,长三角高校院所开展跨区域合作创新。例如,2022 年 8 月,上海科学院、上海长三角技术创新研究院、江苏省产业技术研究院、浙江大学杭州国际科创中心、安徽省科技成果转化促进中心(安徽省科学技术研究院)等 5 家单位共同发起成立长三角科研院所联盟,致力于推动新一代信息技术、先进制造等战略性新兴产业和未来产业关键核心技术联合攻关和产业化应用示范。长三角研究型大学联盟以项目为牵引,汇聚成员高校优势资源,聚焦人才培养、前沿研究、成果转化、智库建设、全球合作这 5 个方面搭建合作平台,已发布 3 批 15 个项目,并举行多项有影响力的活动。

2.2.4　强化创新生态要素资源共享

立足区域创新资源禀赋,以"一体化"思维强化协同合作,推动优质科技资源和科技成果普惠共享,区域一体化技术转移体系更加完善,高效、开放、有活力的创新生态系统加速形成,区域一体化创新发展新格局逐步显现。

(1) 科技资源共建共享服务平台加快建设。2019 年,"长三角科技资源共享平台"正式开通,平台坚持"科技资源+科技服务+科技政策"的建设原则,为各类用户提供包括"机构加盟、资源推介、供需对接、服务使用、人才培训、活动推广、创新券落实"等在内的各类服务功能,经过 4 年来的不断升级建设,平台功能日益完善。截至 2022 年,平台已集聚区域内重大科研基础设施 23 个,大型科学仪器 44 671 台(套),国家级科研基地 315 家,科技人才 20 余万,3 164 家服务机构,15 700 余条服务项目。

(2) 技术要素市场主体集聚互联更加明显。2022 年三省一市技术合同登记数 20 万项,技术合同成交额 13 351 亿元。其中,长三角区域相互间技术合同输出 2.5 万余项,同比增长 20.3%,技术交易金额 1 863 亿元,同比增长 112.5%。上海技术交易所提供一站式交易结算与鉴证服务,累计进场成果成交额达 135.96 亿元,为长三角提供交易服务的占比约 91%。国家技术转移东部中心布局 21 个长三角分中心节点,2022 年促成国内外技术在长三角转化超 17 亿元。长三角国家科技成果转移转化示范区联盟建立常态化运行机制,构建多维度的技术转移人才培养生态体系,举办了"中国·江苏第八届国际产学研合作论坛暨跨国技术转移大会""2022 长三角技术经纪人联合培训班"、科技成果联合竞价(拍卖)会、长三角农业科技成果"云发布"交流会、长三角国际创新挑战赛等区域性品牌活动,持续推动长三角技术市场一体化发展。

(3) 建设具有全球竞争力的开放创新生态积极推进。三省一市坚持开放创新理念,对接国际通行规则,协同构建全球科技创新网络。三省一市科技部与芬兰国家商务促进局中国区办公室就联合设立长三角—芬兰产业联合研发计划达成初步共识,长三角—新加坡产业创新合作计划成功实施。长三角多家单位参与打造地学工作者在线科研平台,实现上线并开展国际测试。深时数字地球国际大科学计划(DDE 计划)取得进展,已有来自美国、英国、韩国、印度等26 个国际机构成为 DDE 计划的成员,并有望成为联合国教科文组织开放科学首个全球旗舰项目。

2.2.5 重点区域加快示范引领

聚焦长三角生态绿色一体化示范区、G60 科创走廊等重点区域,深化一体化创新空间布局,着力增强创新驱动发展能力,聚力打造高质量发展先行区,共铸协同发展"样板间"。

长三角 G60 科创走廊贯穿沪苏浙皖一市三省,自 2016 年 5 月启动建设以来,依托 G60 高速公路和沪苏湖高铁交通大通道,覆盖长三角 9 个城市。作为长三角一体化发展国家战略重要平台,长三角 G60 科创走廊九城市贡献了全国 1/15 的 GDP、1/12 的地方财政收入,集聚了全国 1/15 的市场主体、1/8 的高新技术企业,科创板上市企业超百家,占比超全国 1/5。发挥资本作用,成立长三角 G60 科创走廊科创路演中心联合体,设立长三角 G60 科创走廊科技成果转化基金,基金总规模 100 亿元,首期规模 20 亿元,首期认缴资金已到位7.1 亿元。基金重点投向集成电路、生物医药、人工智能、高端装备等高新技术领域科技成果转化企业,截至 2023 年 5 月,该基金已投了 7 个项目,合计投资金额 3 亿元。

共建长三角生态绿色一体化示范区持续深化。示范区开发者联盟成员扩展到 53 家,双创孵化示范基地建设加快推进,示范区建设国家级高新区取得积极进展,38 项制度创新成果面向全国复制推广。2022 年 8 月,三省一市联合印发《关于进一步支持长三角生态绿色一体化发展示范区高质量发展的若干政策措施》,其中多项举措具有创新引领示范作用。提出支持示范区建设跨省域高新技术开发区,提升示范区技术创新策源能力,推动国内外大院名校与示范区合作共建高端创新载体,推动示范区基础设施 REITs 联动发展。

2.3 面临挑战与政策建议

2.3.1 主要挑战

(1)区域协同机制有待进一步健全。长三角地区各城市、省份之间的协同机制尚不完善。例如长三角三省一市之间的合作交流虽然已建立,但跨行政区的统一市场仍未形成,基于区域考核评估的顾虑,彼此间协同的行政壁垒仍然存在,影响了创新要素的自由流动和资源的合理配置。在科技创新资源的共享、科技成果的转化、创新政策的协同等方面,仍存在壁垒和障碍,导致科技创新资源的配置效率不高,影响了区域科技创新能力的整体提升。

(2)创新链与产业链融合不够深入。产业同质化:长三角各地主导产业的重合度较高,尚未形成差别化、错位化的协同发展局面。这导致各地在产业竞争中相互争夺资源,影响了整体产业链的协同发展。产业链协同不够:长三角各地在科技创新资源建设上存在重复交叉和同质竞争现象,如多个地区纷纷布局建设相同或类似的研究机构和产业园区,导致资源利用效率低下。

(3)长三角创新要素流动也面临阻碍。不同行政区在标准认同、规则制度方面没有完全对接,特别是行政壁垒较多,限制了要素自由流动。例如关于科技人才的认定标准方面,各地区仍然不统一。G60 科创走廊九城市推进了人才互认工作,如人才信息发布机制和优秀人才政策扶持机制,九城市职称互认、专技人员继续教育学时学分互认,"人才服务一卡通"服务等,加快推进更多人才服务事项实现九城市"一网通办",合力打造人才资源共享新格局。但这些机制尚未在长三角地区铺开,示范效应有待提升。

(4)国际化水平有待提升。与全球主要创新区域相比,长三角区域的国际化水平仍待提升。目前公认的世界六大城市群是以纽约为中心的美国东北部大西洋沿岸城市群、以芝加哥为中心的北美五大湖城市群、以东京为中心的日本太平洋沿岸城市群、以伦敦为中心的英国东南部城市群、以巴黎为中心的欧洲西北部城市群,以及以上海为中心的长三角城市群。与前述城市群相比,长三角城市群的国际化水平仍然有待提升,主要表现在国际科技合作项目不多、国际科技人才引进和培养机制仍待完善。

2.3.2 政策建议

（1）贯彻落实新发展理念，彰显全国引领示范效应。加快实施创新驱动发展战略，始终牢牢抓住科技创新发展"牛鼻子"，推进长三角科创共同体建设，聚焦产业链布局创新链、人才链，以"要素聚变"催化"科创蝶变"，以创新集群引领产业集群，以全域创新联动区域创新，全力打造具有国际影响力的创新区域和我国重要创新策源地。强化顶层设计，加强统筹谋划部署，让更多单位参与长三角创新建设，以产业链为抓手推动科技创新与产业发展紧密结合，清单式、项目化扎实推进共同体建设。

（2）发挥集中力量办大事优势，形成高效协同运行机制。通过创新机制的引导、创新平台的搭建、创新资源的集聚，加快各类重大项目的落实落地，促进产业升级发展，激发协同创新动能，推动"政产学研金服用"全要素、全链条、全方位高效对接。强化制度精准创新和有效供给，推动创新一体化先行先试。进一步打破行政壁垒，创新区域协同组织方式和运作模式，坚持成本共担和利益共享机制，效率与公平并重，兼顾各方利益共享发展成果；用好政府和市场两股力量，完善重点示范区域基金跟投机制；做好体制机制保障，规范区域内的税收优惠政策，并推动统计和考核制度改革，引导竞争走向竞合。围绕科技创新、人才发展、产业合作、金融服务、生态保护、医疗协作等若干方面尽快出台一系列细化协议，促进顶层设计更加具象化，开展更加广泛、富有成效的合作。

（3）以科学布局带动科技创新集聚。学习和借鉴美国硅谷和128公路沿线高新技术产业发展的经验，在沿线科学规划、加快提升多个科技创新功能集聚区。深化功能布局、产业布局和空间布局，以科技创新引领产业发展，进而形成"政产学研金介用"各类创新要素有效互动、相互支撑的协同创新体系。

（4）以主体培育带动创新能力提升。依托优势产业的重点企业与高校科研院所合作，共建产业研究院、新型众创空间和孵化器等研发平台和孵化基地。重点扶持和培育成长性好、极具发展潜力的行业龙头企业，着力打造一批整合力、辐射力和带动力强的本土创新型龙头企业。支持知名企业设立高水平研发中心，鼓励其升级成为大区域研发中心和开放式创新平台。聚焦重点产业，推动区域内各地区优势产业联动发展，建立跨地区的产业技术创新联盟，共建"飞地型"科技成果转化基地。组织开展产业链上下游企业合作，形成合理的产业分工体系，实现区域内产业的优势互补与协同发展。

（5）以成果转化打通创新创业链条。充分依托区域内高校科研院所资源，推进高校优势学科与区域主导产业的发展对接、联动融合，构建集科技成果转化、企业孵化、创新人才培养、科技金融于一体的机制，构筑学科-人才-技术-产业生态链。大力推进海外人才引进政策，鼓励和吸引海外高层次人才创新创业。聚焦中小企业创新创业发展，推动建立跨区域的创新创业服务网络。建立信息对接沟通机制，做到区域内企业发展需求等信息的互通。

长三角区域高校院所高水平发展

高等院校、科研院所(以下简称高校院所)是驱动创新策源功能的重要主体,也是推进长三角高质量发展的关键主体。识别分析长三角区域更高水平高校院所,分析其发展特征特点,对于引导长三角科技创新发展具有重要意义。本章参考国际国内相关研究,基于长三角区域创新机构连续 5 年的研究基础,构建指标体系,基于专利大数据分析,识别长三角地区卓具创新实力、硬科技产出能力的高校院所,以供参考。

3.1 研究背景

高校院所是提升创新策源能力、支撑高水平科技供给的重要主体,是驱动产业创新、引领区域高质量发展、推进区域协同创新的关键力量。长三角区域是我国创新机构最为集聚的区域之一,是区域创新机构发展的重要实践场所。硬核科技是指基于科学发现和技术发明之上,具有较高技术门槛和明确应用场景的关键核心技术。硬科技区别于"模式创新",更加偏向于技术创新,是驱动新时代创新发展的关键动力。

目前针对高校院所的创新评估更注重综合维度,从硬科技角度入手的评估体系和实证分析仍较少。为了更好地分析长三角高校院所硬科技创城水平,有必要构建评估体系,对长三角区域高校院所进行系统识别,并分析其发展态势。基于此,上海科学技术政策研究所、上海技术交易所、科睿唯安和上海市高校科技发展中心 4 家单位联合研究了《长三角区域创新机构发展研究报告》(以下简称《报告》),《报告》对长三角三省一市的高校院所,共计 900 余家机构主体,进行系统筛选整理,基于全球领先的专业信息服务提供商科睿唯安(Clarivate)数据库及相关可公开数据,以 5 年数据为基础,开展定量测评和定性分析。《报告》自 2019 年以来连续年度发布,2023 年 11 月发布第五次《报告》。基于相关研究基础,形成如下分析内容。

3.2　研究方法

3.2.1　研究对象

《报告》研究范围为长三角三省一市的高校院所。研究对象为独立法人事业单位,单位信息以政府网站和机构官网发布信息为准。《报告》中所列单位名称以截至 2022 年底该单位在德温特数据库所使用的专利申请人名称为准。单位所属基地平台或分支机构(地方分校、国家重点实验室、国家工程技术中心等)进行统一归并。职业技术院校类、有保密性质的军工、军校类机构暂不进入名单。同时综合参考国家级科技创新奖励以及所在省市科技统计信息等进行整理,形成基础名单。再通过近五年(2018—2022)的发明专利申请总量指标,以 200 件发明专利申请总量为门槛值,形成 213 家机构备选名单,然后基于此,经测算确定入选名单。

3.2.2　数据来源

《报告》数据源自德温特世界专利索引(Derwent World Patents Index^{MT},DWPI)和德温特专利引文索引(Derwent Patents Citation Index^{MT}, DPCI)等可公开的数据库。分析和研究工具包括全球领先的科技创新解决方案 Derwent Innovation^{MT}。《报告》采集的是 DWPI 和 DPCI 数据库所收录 2018—2022 年之间的专利数据,基础专利数据达到 64 万余条。在数据处理中,对各机构指标数据采用极值标准化法进行无量纲化处理,并延续科睿唯安评选方法,对各机构 5 个一级指标数据平均赋权打分,求和汇总,按各机构总分降序排列。在分析中,《报告》以每 25 家机构为一个梯级,创新机构百强共 4 个梯级,同一梯级按所属区域及机构类型分类并按分值排列。

3.2.3　指标体系

在评估指标体系方面,2023 年度报告在 5 年研究基础上,积极听取专家意见,基于总体 5 个维度不变,采用 10 项指标刻画机构画像,考虑到科技奖励数据年度未有更新,报告新增专利获奖情况,与上年度科技奖励数据合并计算指标数值(见表 3-1)。

表 3-1 指标体系

一级指标	二级指标	指标解释
发明总量	发明专利申请总量	该机构 2018—2022 年作为公开年的发明专利申请数量
	发明专利申请总量同比增幅	该机构 2023 报告期与 2022 报告期相比发明专利申请总量的变动幅度
发明质量	发明专利授权率	该机构 2018—2022 年发明专利授权数量与发明专利申请总量比值
	2018—2019 年授权专利存活率	该机构获得授权且持有期限超过 3 年的授权专利与 2018—2019 年作为授权年的发明专利比值
影响力	专利被引数量占比	该机构 2018—2022 年机构专利在排除自引后具有施引记录的专利家族数量与德温特专利家族数量的比值
	国家级科技创新奖	该机构 2018—2022 年机构获得国家自然科学、技术发明、科技进步"三大奖"的人次数,以及获得中国专利奖的项数
协同创新	5 年内,专利转让、许可数量占比	该机构 2018—2022 年作为公开年的专利中发生转让、许可数量与 2018—2022 年作为公开年的专利授权数量的比值
	合作专利数量占比	该机构 2018—2022 年作为公开年、具有两家及以上专利权人的机构创新成果数量与德温特专利家族同族专利数量的比值
全球化	欧美日专利累计加总	该机构 2018—2022 年机构在欧美日至少一方获取保护的专利家族数量
	欧美日专利累计加总占比	该机构 2018—2022 年机构在欧美日至少一方获取保护的专利家族数量与同时期德温特专利家族同族专利数量的比值

3.3 研究结果

2023 年百强机构名单如表 3-2 所示。2023 百强机构总体水平较 2022 年全面提升,发明总量、发明质量、影响力、协同创新、全球化 5 个维度 10 项指标中,有 9 项指标实现了提升;仅有 1 项指标呈现微弱下降(见表 3-3),表明

2023年度百强机构总体表现更加优异,呈现出总量、质量、全球化、协同创新等维度全面提升的喜人态势。

表3-2　2023年长三角区域创新机构 TOP100(按不同梯级)

所在地区	机构类别	机 构 名 称	所属梯级
上海	高等院校	上海交通大学	梯级Ⅰ
		同济大学	梯级Ⅰ
		上海科技大学	梯级Ⅰ
		复旦大学	梯级Ⅰ
		华东理工大学	梯级Ⅰ
	科研机构	中国科学院上海药物研究所	梯级Ⅰ
		中国科学院上海硅酸盐研究所	梯级Ⅰ
		上海微小卫星工程中心	梯级Ⅰ
		中国科学院上海光学精密机械研究所	梯级Ⅰ
		中国科学院上海有机化学研究所	梯级Ⅰ
		中国科学院上海微系统与信息技术研究所	梯级Ⅰ
		中国科学院上海高等研究院	梯级Ⅰ
江苏	高等院校	东南大学	梯级Ⅰ
		江南大学	梯级Ⅰ
		南京大学	梯级Ⅰ
		南京邮电大学	梯级Ⅰ
		苏州大学	梯级Ⅰ
		中国矿业大学	梯级Ⅰ
		江苏大学	梯级Ⅰ
		南京航空航天大学	梯级Ⅰ
浙江	高等院校	浙江大学	梯级Ⅰ
		杭州电子科技大学	梯级Ⅰ
	科研机构	之江实验室	梯级Ⅰ
安徽	高等院校	中国科学技术大学	梯级Ⅰ
		合肥工业大学	梯级Ⅰ
上海	高等院校	华东师范大学	梯级Ⅱ
		东华大学	梯级Ⅱ
	科研机构	中国科学院上海应用物理研究所	梯级Ⅱ
		上海宇航系统工程研究所	梯级Ⅱ
		中国船舶重工集团公司第七一一研究所	梯级Ⅱ
江苏	高等院校	河海大学	梯级Ⅱ
		江苏科技大学	梯级Ⅱ
		常州大学	梯级Ⅱ

（续表）

所在地区	机构类别	机 构 名 称	所属梯级
		淮阴工学院	梯级 Ⅱ
		南京理工大学	梯级 Ⅱ
		南京工业大学	梯级 Ⅱ
		南京师范大学	梯级 Ⅱ
	科研机构	中国科学院苏州纳米技术与纳米仿生研究所	梯级 Ⅱ
		水利部交通运输部国家能源局南京水利科学研究院	梯级 Ⅱ
		中国电子科技集团公司第二十八研究所	梯级 Ⅱ
		中国科学院苏州生物医学工程技术研究所	梯级 Ⅱ
浙江	高等院校	浙江工业大学	梯级 Ⅱ
		宁波大学	梯级 Ⅱ
		西湖大学	梯级 Ⅱ
	科研机构	中国科学院宁波材料技术与工程研究所	梯级 Ⅱ
		浙江省海洋水产研究所	梯级 Ⅱ
		浙江清华长三角研究院	梯级 Ⅱ
安徽	高等院校	安徽大学	梯级 Ⅱ
	科研机构	中国科学院合肥物质科学研究院	梯级 Ⅱ
		中国电子科技集团公司第三十八研究所	梯级 Ⅱ
上海	高等院校	华东师范大学	梯级 Ⅱ
		东华大学	梯级 Ⅱ
	科研机构	中国科学院上海应用物理研究所	梯级 Ⅱ
		上海宇航系统工程研究所	梯级 Ⅱ
		中国船舶重工集团公司第七一一研究所	梯级 Ⅱ
江苏	高等院校	河海大学	梯级 Ⅱ
		江苏科技大学	梯级 Ⅱ
		常州大学	梯级 Ⅱ
		淮阴工学院	梯级 Ⅱ
		南京理工大学	梯级 Ⅱ
		南京工业大学	梯级 Ⅱ
		南京师范大学	梯级 Ⅱ
	科研机构	中国科学院苏州纳米技术与纳米仿生研究所	梯级 Ⅱ
		水利部交通运输部国家能源局南京水利科学研究院	梯级 Ⅱ
		中国电子科技集团公司第二十八研究所	梯级 Ⅱ
		中国科学院苏州生物医学工程技术研究所	梯级 Ⅱ
浙江	高等院校	浙江工业大学	梯级 Ⅱ
		宁波大学	梯级 Ⅱ
		西湖大学	梯级 Ⅱ

（续表）

所在地区	机构类别	机 构 名 称	所属梯级
	科研机构	中国科学院宁波材料技术与工程研究所	梯级Ⅱ
		浙江省海洋水产研究所	梯级Ⅱ
		浙江清华长三角研究院	梯级Ⅱ
安徽	高等院校	安徽大学	梯级Ⅱ
	科研机构	中国科学院合肥物质科学研究院	梯级Ⅱ
		中国电子科技集团公司第三十八研究所	梯级Ⅱ
上海	高等院校	上海电力大学	梯级Ⅲ
		上海大学	梯级Ⅲ
	科研机构	上海航天精密机械研究所	梯级Ⅲ
		中国航空无线电电子研究所	梯级Ⅲ
		中国电子科技集团公司第三十二研究所	梯级Ⅲ
江苏	高等院校	中国药科大学	梯级Ⅲ
		南京工程学院	梯级Ⅲ
		南京林业大学	梯级Ⅲ
		南京农业大学	梯级Ⅲ
		常熟理工学院	梯级Ⅲ
		盐城工学院	梯级Ⅲ
		江苏理工学院	梯级Ⅲ
		江苏海洋大学	梯级Ⅲ
		江苏师范大学	梯级Ⅲ
		南通大学	梯级Ⅲ
	科研机构	中国林业科学研究院林产化学工业研究所	梯级Ⅲ
		中国电子科技集团公司第五十五研究所	梯级Ⅲ
		中国科学院南京土壤研究所	梯级Ⅲ
		农业农村部南京农业机械化研究所	梯级Ⅲ
		中国电子科技集团公司第五十八研究所	梯级Ⅲ
		江苏省农业科学院	梯级Ⅲ
浙江	高等院校	杭州师范大学	梯级Ⅲ
		温州大学	梯级Ⅲ
	科研机构	中国农业科学院茶叶研究所	梯级Ⅲ
安徽	高等院校	安徽工业大学	梯级Ⅲ
上海	高等院校	上海师范大学	梯级Ⅳ
		上海理工大学	梯级Ⅳ
	科研机构	中国科学院上海技术物理研究所	梯级Ⅳ
		中国水产科学研究院渔业机械仪器研究所	梯级Ⅳ
		上海市农业科学院	梯级Ⅳ

(续表)

所在地区	机构类别	机 构 名 称	所属梯级
江苏	高等院校	上海卫星工程研究所	梯级Ⅳ
		中国水产科学研究院东海水产研究所	梯级Ⅳ
		常州工学院	梯级Ⅳ
		扬州大学	梯级Ⅳ
		南京财经大学	梯级Ⅳ
		南京信息工程大学	梯级Ⅳ
	科研机构	中国科学院南京地理与湖泊研究所	梯级Ⅳ
		生态环境部南京环境科学研究所	梯级Ⅳ
		江苏特种设备安全监督检验研究院	梯级Ⅳ
浙江	高等院校	浙江师范大学	梯级Ⅳ
		浙江理工大学	梯级Ⅳ
		嘉兴学院	梯级Ⅳ
		浙江农林大学	梯级Ⅳ
		温州医科大学	梯级Ⅳ
		浙江工商大学	梯级Ⅳ
	科研机构	浙江省林业科学研究院	梯级Ⅳ
		中国电子科技集团公司第三十六研究所	梯级Ⅳ
安徽	高等院校	安徽师范大学	梯级Ⅳ
		安徽农业大学	梯级Ⅳ
	科研机构	中国电子科技集团公司第四十一研究所	梯级Ⅳ

资料来源:《长三角区域创新机构发展研究报告》。

表3-3 长三角创新机构百强 2021—2023 指标

一级指标	二级指标	2021年度报告	2022年度报告	2023年度报告	2023年度增幅/%
发明总量	发明专利申请总量/万件	27.54	30.35	32.94	8.51
	发明专利申请总量同比增幅/%	9.17	10.20	13.71	34.39
发明质量	发明专利授权率/%	38.08	43.50	45.53	4.67
	2018—2019 年授权专利存活率/%	61.78	68.74	73.03	6.24
影响力	专利被引数量占比/%	35.24	37.19	37.05	−0.38
	国家科学技术奖励/次	—	607	614	1.15
全球化	欧美日专利累计加总/件	3 930	5 283	6 547	23.93
	欧美日专利累计加总占比/%	1.07	1.33	1.46	10.04

（续表）

一级指标	二级指标	2021 年度报告	2022 年度报告	2023 年度报告	2023 年度增幅/%
协同创新	5 年内,专利转让、许可数量占比/%	6.12	5.81	6.06	4.27
	合作专利数量占比/%	9.87	10.86	11.56	6.45

注:以上数据源自作者测算。

从 2021—2023 年这 3 年数据比较来看,有 8 项指标呈现连续上涨态势。5 个维度中,发明总量、发明质量、全球化指标实现连续增长(见表 3-3),表明长三角创新机构在综合实力方面呈现稳步增长态势。

影响力维度、协同创新维度中均有指标呈现微弱波动态势。在 2023 年度报告中,百强机构专利被引数量占比较上年下降 0.38 个百分点,从基础数据来看,该指标主要受到同族专利总量指标快速增长影响。2023 年度百强,协同创新指标实现"翻转",从 2022 年度的 5.81% 提升到 6.06%,虽然不及 2021 年度数据,但也呈现出上升趋势(见表 3-3),表明机构产出对产业的溢出效应有所提升。

3.3.1　主体结构分析

百强中高校数量仍居于主要地位,且与 2022 年度相比,科研院所数量增加 1 家,达到 41 家;高校入围 59 家,比 2022 年度减少 1 家(见表 3-4)。居于第一梯级的 25 家机构中,高等院校为 17 家,比 2022 年增加 1 家(见表 3-4)。科研机构中,中国科学院(以下简称"中科院")系统所属单位表现仍然亮眼,共有 14 家机构入选(见表 3-3),与 2022 年持平。从三年变化来看,高校数量有所减少,但第一梯级数量有所上升;科研院所数量有所上升,主要表现在第四梯级数量增多。

表 3-4　2021—2023 入围百强机构名单主体类型分布(数量)

主体类型		2021 年	2022 年	2023 年
高校	部属高校	18	18	18
	非部属高校	43	42	41

(续表)

主体类型		2021 年	2022 年	2023 年
科研院所	中科院系统机构	15	14	14
	非中科院系统机构	24	26	27

从维度表现看,总量方面部属高校仍然居于主导地位,非中科院系统科研机构增幅最快,2023 年度入围 18 家的部属高校合计发明专利申请件数达到 15.92 万件,比上年度增长了 8.96%;非部属高校达到 13.75 万件,虽然高校数量少 1 家,但总量比上年度增长 7.81%;中科院系统科研机构总量相对增长不多,为 4.75%;非中科院系统机构增幅最高,达到 13.72%(见表 3 − 5)。

表 3 − 5　2021—2023 入围百强机构 4 类主体发明总量(万件)

主体类型	2022 年度百强	2023 年度百强	增幅
部属高校	14.61	15.92	8.96%
非部属高校	12.76	13.75	7.81%
非中科院系统机构	1.50	1.70	13.72%
中科院系统机构	1.49	1.56	4.75%
合计	30.36	32.93	8.47%

资料来源:《长三角区域创新机构发展研究报告》。

从发明质量维度中专利授权率来看,部属高校专利授权率最高,非中科院系统科研机构增长速度最快,非部属高校表现相对较弱。在 2023 年度入围机构中,部属高校发明专利授权率达到 47.84%,居 4 类主体榜首。非中科院系统机构增长速度最快,2023 年达到 47.56%,比上年度增长 6.42 个百分点,呈现出质量越来越高的特点。相比而言,非部属高校在授权率上表现最弱,2023 年度为 42.54%(见图 3 − 1)。

从发明质量维度中专利存活率来看,科研机构表现好于高校,特别是中科院系统机构保持优势地位,非部属高校相对偏弱。2023 年度入围机构中,中科院系统机构授权专利存活率高达 92.81%,非中科院系统机构也达到 84.71%。高校虽然指标表现低于科研机构,但 2023 年度高校表现出较好的增长态势,表明在专利质量方面,高校正在逐步赶上,拟补短板(具体见图 3 − 2)。

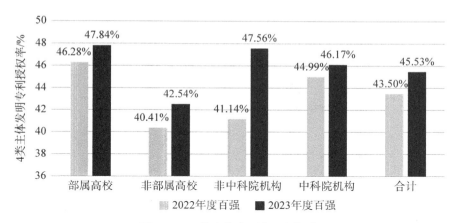

图3-1 4类主体发明专利授权率

资料来源:《长三角区域创新机构发展研究报告》。

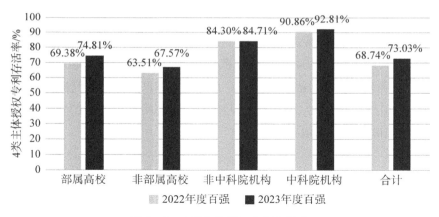

图3-2 4类主体授权专利存活率

资料来源:《长三角区域创新机构发展研究报告》。

从影响力维度专利被引数量占比看,部属高校被引占比最高,非中科院系统机构涨幅最快,相对而言中科院系统机构被引比率下降幅度较大,也带动了百强机构该指标综合数值微弱下滑。2023年度,部属高校专利被引比重达到42.95%,比上年度提高约0.67个百分点;非中科院系统机构为31.67%,比上年提高3.6个百分点;中科院系统机构下降5.76个百分点,被引指标榜首地位被部属高校替代(见图3-3)。这表明中科院系统机构未来仍要持续关注成果产出的影响力,加大成果溢出效应。

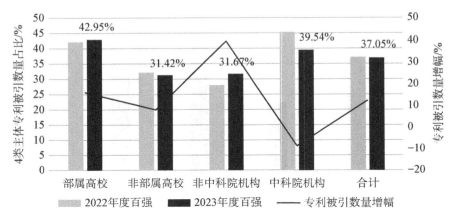

图3-3 4类主体专利被引数量占比

资料来源：《长三角区域创新机构发展研究报告》。

2023年度，百强机构表现出更好的国际化趋势，科研机构表现更为优异。中科院系统机构欧美日专利占比达到 3.13％，继续在 4 类主体中保持领先地位，表明中科院系统专利质量在全球范围内更具价值。从欧美日专利总量来看，非中科院系统机构增幅最快，2023 年度入围的非中科院系统机构欧美日专利总量比 2022 年度增加 107.58％（见图 3-4），表明科研机构在全球化战略中发挥更加积极的牵引作用。

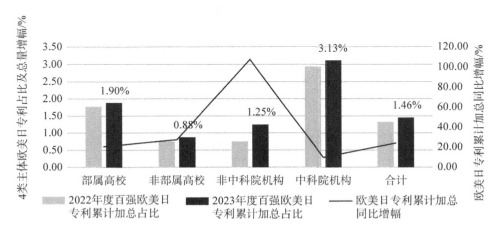

图3-4 4类主体欧美日专利占比及总量增幅

资料来源：《长三角区域创新机构发展研究报告》。

从转让与许可情况来看,2023 年度百强机构中非部属高校转化比例仍保持绝对领先优势,中科院系统机构增速最快;非中科院系统机构转化比例最低。非部属高校 5 年内转让、学科专利占全部专利比重达到 9.78%,比上年度提高了 0.33 个百分点;中科院机构达到 5.27%,比上年提高了 1.35 个百分点。总体表现出,中科院系统机构近年来在成果转化相关政策激励下,更加有意愿推进成果转化;地方科研机构转化率不高,仅为 1.82%,是 4 类主体中唯一下降的主体,表明地方科研机构成果转化的激励举措仍待增强(见图 3-5)。

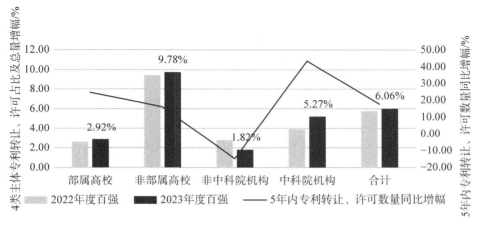

图 3-5　4 类主体专利转让、许可占比及总量增幅

资料来源:《长三角区域创新机构发展研究报告》。

3.3.2　区域特征分析

从三省一市来看,基于数量和梯级分布表现,《报告》表明,上海呈现第一梯队更加集聚的"高峰"特点,江苏呈现总体数量更加增多的"高原"特点,浙江呈现新型研发机构更加凸显的改革"先锋"特点,安徽呈现创新实力快速提升"加速"特点。

2023 年,长三角百强机构在三省一市分布呈现头部集聚、尾部规模扩大的特点。上海市第一梯队机构数量更多,2023 年达到 12 家,居三省一市首位,呈现高端机构更加集聚的特点,与建设上海国际科技创新中心战略、打造战略科技力量导向契合。江苏省入围机构数量持续增多,达到 42 家,比上年度增加 2 家,主要表现为第三梯队、第四梯队数量增多,分别增加 5 家、1 家。浙江省头部机构增加1家,之江实验室成功晋级第一梯队,显示出新型研发机构实力。安徽省总量增加2家,入围机构总量达到9家,主要表现在第二梯队、第四梯队,表明安徽省创新机构综合水平稳步提升(见图3-6)。

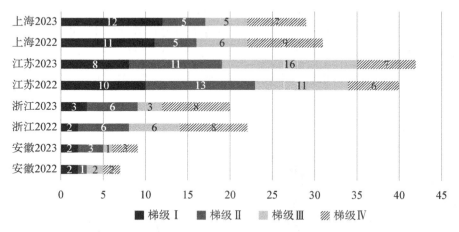

图3-6 2023年长三角三省一市创新机构百强阶梯分布

注:为清晰展现百家入选机构情况,参考科睿唯安《全球创新机构百强》研究方法,将机构等分为4个梯级,每个梯级25家。

资料来源:《长三角区域创新机构发展研究报告》。

从机构类型表现来看,上海入围机构类型更为均衡,相比江浙皖三省,上海科研机构展现更强实力,与上海集聚众多中科院机构相关。2023年度,上海入围机构中,中科院系统机构8家,非中科院系统机构10家,均高于其他三省。江苏省则表现出地方高校更加突出的特点,入围机构中20家为非部属高校,部属高校达到9家。浙江、安徽均以非部属高校为主(见图3-7)。

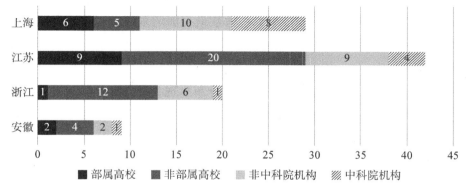

图3-7 2023年长三角三省一市创新机构百强类型分布

资料来源:《长三角区域创新机构发展研究报告》。

从城市分布表现来看，2023 年长三角创新机构百强分布于 23 个城市，比上年度新增 2 座城市，空间分布呈现扩散迹象。上海、南京、杭州、合肥四城市合计数量为 70 家，比 2022 年报告少 2 家。江浙两省省内城市表现更加突出，常州、嘉兴、苏州各占 3 家，表现较好；嘉兴较上年度增加 1 家机构。宁波、温州、无锡、徐州、镇江均有 2 家分布。与 2022 年度相比，2023 年度《报告》新增蚌埠、金华、芜湖 3 个城市，其中金华为近三年首次有机构入围，浙江师范大学进入第四梯队。与 2022 年度相比，绍兴市未有机构进入 2023 年度百强（见表 3-6）。

表 3-6　2023 年度长三角创新机构入围城市分布

城市	2023 年报告入围机构数量	2022 年报告入围机构数量	比上年度增幅情况
上海市	29	31	—2
南京市	24	22	2
杭州市	11	13	—2
合肥市	6	6	0
常州市	3	3	0
嘉兴市	3	2	1
苏州市	3	3	0
宁波市	2	3	—1
温州市	2	2	0
无锡市	2	2	0
徐州市	2	2	0
镇江市	2	2	0
蚌埠市	1	0	1
常熟市	1	1	0
淮安市	1	1	0
金华市	1	0	1
连云港市	1	1	0
马鞍山市	1	1	0
南通市	1	1	0
芜湖市	1	0	1
盐城市	1	1	0
扬州市	1	1	0
舟山市	1	1	0

资料来源：《长三角区域创新机构发展研究报告》。

3.4　三省一市机构特征

3.4.1　上海市

2023 年上海第一梯队优势更加明显,2023 年达到 12 家,保持三省一市首位,表现出高端机构更加集聚的"高峰"特点,与建设上海科创中心战略、打造战略科技力量导向契合。上海入围机构在国际布局、协同创新方面更加具有引领性,但转化效率方面仍有待提升。

2023 年度《报告》显示,相比长三角均值来看,上海入围机构在合作专利数量占比、欧美日专利累计,以及欧美日专利累计、国家科技奖励等指标方面领先。与 2022 年相比,2023 年上海入围机构在获得国家奖励、欧美日专利累计方面有更多进步;2023 年,上海入围机构合作专利数量占比 15.91%,欧美日专利占比 1.89%,居于三省一市首位。不足之处在于,上海在发明专利授权率以及存活率表现方面,与长三角区域均值基本一致,不够凸显;且专利申请增长速度相对不足,低于上年度以及长三角区域均值;转让许可占比仍低于三省一市平均水平,未来仍需加大推进科技成果转化力度(见图 3-8)。

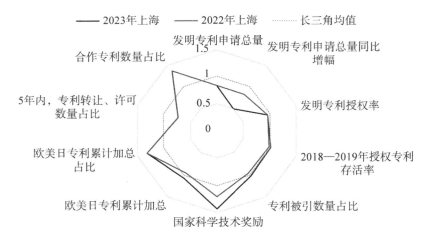

图 3-8　2022—2023 年上海市入围机构的创新表现特征

资料来源:《长三角区域创新机构发展研究报告》。

上海高校、科研院所在稳定保持技术影响力优势的同时,部分长期弱势指标表现仍低于三省一市平均值,亟待重点关注,着力提升。

(1)上海第一梯队保持领先优势。《报告》显示,上海入围机构总量居第二,第一梯队数量保持第一。2023 年上海入围机构 29 家,连续 2 年下降(2022 年 31 家,2021 年 32 家);第一梯队 12 家,连续 2 年上升(2023 年新增的一家是上海科技大学)。江苏省入围机构数量持续增多,达到 42 家,连续两年增加(2022 年 40 家,2021 年 39 家),第三梯队、第四梯队数量分别增加 5 家、1 家。浙江省头部机构增加 1 家,之江实验室成功晋级第一梯队,西湖大学显示出新型研发机构实力。安徽省总量增加 2 家,连续 2 年增长,入围机构总量达到 9 家,主要表现在第二梯队、第四梯队,表明安徽省创新机构综合水平提升。

从机构类型看,上海科研院所创新实力强大,而江苏入选高校数量最多,表现出较强的创新能力。上海科研院所表现更具实力,上海 29 家入选机构中,科研院所 18 家,高校 11 家,是三省一市中唯一的科研机构数量超高等院校的地区,中科院机构达到 8 家,表现出较强的实力。江苏 42 家入选机构中,高校数量 29 家,科研院所 13 家,高校是科研院所的 2 倍,表现出高校(特别是近年来非部属高校增速较快)对区域创新的带动能力较强。浙江 20 家入选机构中,高校 13 家,科研院所 7 家,浙江大学表现最为亮眼,呈现出旗舰式的引领趋势。安徽入选的 9 家机构中,高校 6 家,科研院所 3 家。

从机构变化看,近 3 年上海入围机构,表现出在沪专业化科研院所以及具有"创新属性"的高校更加亮眼的特点。2023 年,上海科技大学继续保持良好的发展态势,在欧美日专利占比单项指标上居于高校类入围机构的榜首,从第二梯队跃升到第一梯队。上海宇航系统工程研究所、中国船舶重工集团公司第七一一研究所、上海航天精密机械研究所、中国航空无线电电子研究所等 4 家机构均比 2022 年提升一个梯级,表现出专业化机构更加凸显的特点,主要在合作创新、创新质量方面表现较好。

(2)上海具体指标表现各异,短板指标仍需关注。为了更好地分析上海机构的"长短板",我们对各地创新机构在 10 个主要创新指标方面的表现进行比较分析,结果显示,上海优势集中在创新成果的影响力、创新协同和国际化 3 个方面,而在平均成果数量和转化应用方面仍显不足,短板指标仍待提升。

一是与上年相比看,上海"长板"更加凸显,"短板"指标仍待改善。10 项基本指标中,与 2022 年度相比,2023 年的上海国家级科技创新奖、欧美日专利累计加总指标提升较多,但在专利同比增幅方面下降明显,专利转让许可数量占比作为"短板"指标仍低于长三角均值,有待改善。

二是上海机构在创新协同和国际化方面表现突出。在协同维度方面,上海横向合作表现优于其他三省。从机构平均合作专利占比上看,上海为 15.9%,高于其他省份,且逐年增长,表明上海具有开放创新的基础(具体见图 3 - 9)。在国际维度方面,上海机构平均欧美日专利数量占比为 1.9%,高于江苏、浙江、安徽(具体见图 3 - 10),排在百强榜首的高校、院所均位于上海市(中国科学院上海药物所指标值为 18%,上海科技大学指标值为 11.7%),且这两家机构是该指标超过 10% 的百强机构。经调研发现,这两家机构十分注重开展国际专利布局,以优先抢占全球市场优势。

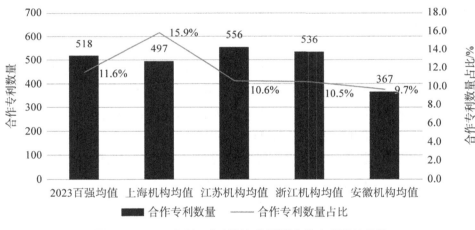

图 3 - 9　2023 年长三角创新机构百强合作专利指标比较

资料来源:《长三角区域创新机构发展研究报告》。

三是上海机构在平均发明总量增长速度仍相对偏低。上海机构平均发明总量最低。《报告》显示,上海机构 5 年内平均发明专利申请量为 2 366 件,是三省一市中唯一低于 3 000 件的区域,低于长三角均值。从 4 类主体角度看,在发明专利申请总量增幅数据上,上海 4 类主体中有 3 类主体增幅指标居三省一市最后一位,仅非中科院科研机构增幅高于安徽。浙江非中科院机构增幅达到 40.98%,江苏部属高校增幅达到 13.45%,上海相比分别为 3.63%、9.74%(见图 3 - 11)。

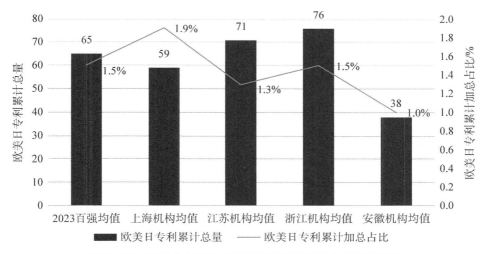

图3-10 2023年长三角创新机构百强欧美日专利指标比较

资料来源:《长三角区域创新机构发展研究报告》。

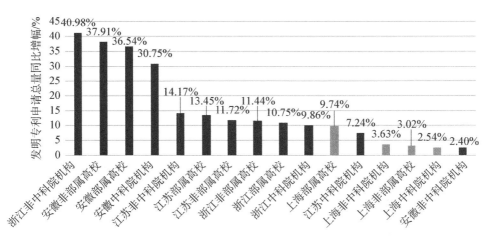

图3-11 三省一市"4类主体"发明专利申请总量同比增幅比较

资料来源:《长三角区域创新机构发展研究报告》。

　　四是上海专利转让、许可比率表现落后情况仍未改善。上海科研机构专利转让、许可比率仅为3.5%,同期江苏为8.3%,远高于上海,浙江为4.3%。从4类主体分析看,在专利转让、许可数量占比指标上,江苏非部属高校遥遥领先,达到13.38%;上海中科院系统机构与部属高校转让比例相对表现不俗,但上海非中科院系统机构与非部属高校的指标较低,分别为 2.33%、2.16%(见图 3-12)。此外,在专利授权率方面,上海为 43.3%,在长三角三省一市中位列最末,与上年表现相同,从 4 类主体看,非部属高校授权率排在最末一位(见图 3-13)。

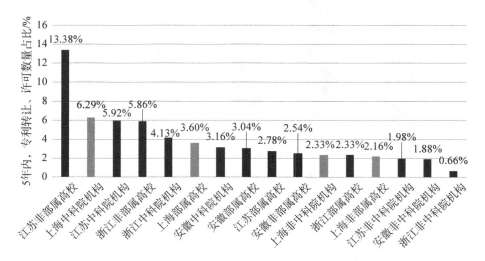

图 3-12 三省一市"4 类主体"专利转让、许可比较

资料来源:《长三角区域创新机构发展研究报告》。

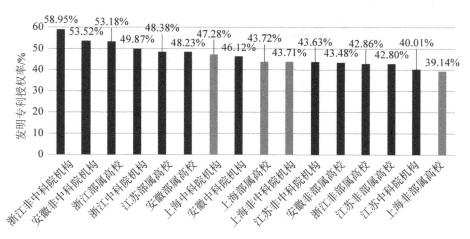

图 3-13 三省一市"4 类主体"发明专利授权率比较

资料来源:《长三角区域创新机构发展研究报告》。

3.4.2 江苏省

江苏省入围机构数量持续增多,达到 42 家,比上年度增加 2 家,主要表现为第三梯队、第四梯队数量增多,分别增加 5 家、1 家,表现出机构数量更加增多的"高原"特点。江苏省入围机构优势领域体现机构总体综合体量较大,国际化布局逐步加快,成果转化成效突出。

2023 年度《报告》显示,2023 年度江苏省入围机构发明专利申请总量达到 15.88 万件,为长三角区域均值的 2 倍,领先优势比 2022 年更加凸显;专利转让许可占比方面,2023 年达到 8.35%,是长三角地区均值的 1.38 倍;欧美日专利累计数量、获得国家奖励数量,相比长三角均值均较 2022 年度有大幅提升,表明江苏领头创新机构的综合体量和实力有所提升。不足之处在于,江苏省在发明专利总量增幅、授权专利存活率等方面相对偏弱。2023 年,江苏省入围机构授权专利存活率为 71.4%,为三省一市最后一位(见图 3 - 14)。

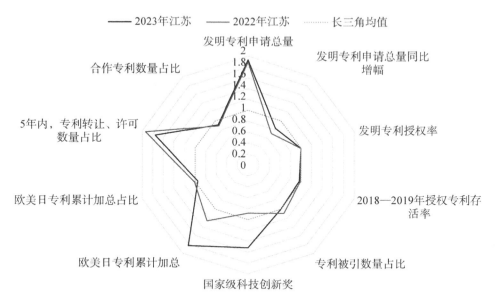

图 3 - 14 2022—2023 年江苏省入围机构的创新表现特征

资料来源:《长三角区域创新机构发展研究报告》。

3.4.3 浙江省

浙江省头部机构增加 1 家,之江实验室成功晋级第一梯队,显示出新型研发机构实力,呈现"先锋"特点。浙江省入围机构优势领域体现机构创新质量维度,综合表现各维度较为均衡,近年来新型研发机构发展较快,高质量、国际化发展特征显现。

2023 年度《报告》显示,相比长三角均值,浙江省入围机构在发明专利授权率、专利存活率方面表现较好,其中发明专利授权率 47.24%,为三省一市之首;授权专利存活率 74.38%,居第二位,高于长三角均值 1.35 个百分点。与 2022 年相比,转让、许可专利占比有所上升,从 2022 年度的 3.6%,上升为 2023 年度的 4.31%,提升幅度较大(见图 3 − 15)。不足之处在于,浙江省入围机构在总量指标方面表现偏弱,发明专利总量、增长速度、获得国家奖励数量的指标均比 2022 年度有所回落。

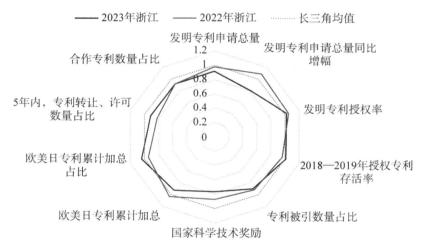

图 3 − 15　2022—2023 年浙江省入围机构的创新表现特征

资料来源:《长三角区域创新机构发展研究报告》。

3.4.4 安徽省

安徽省总量增加 2 家,入围机构总量达到 9 家,主要表现在第二梯级、第四梯级,表明安徽省创新机构综合水平加快提升,呈现"加速"特点。安徽省入围机构优势表现在专利增长速度较快，且创新质量表现较好，呈现出快速增长、质量保持领先的特点。

2023 年度《报告》显示，安徽省入围机构有三项指标居三省一市首位，发明专利增幅 25.24%，授权专利存活率 75.88%，专利被引数量占比 40.22%。特别是，近年来安徽省入围机构发明专利增长速度较快，2023 年安徽省入围机构是长三角区域均值（11.33%）的 2 倍。相对不足方面，安徽省入围机构在全球化、协同创新方面表现不足，是长期弱势指标。2023 年欧美日专利累计占比为 1.01%，排在三省一市最后一位；转让、许可专利占比为 2.81%，仅为三省一市均值的 1/2；合作专利占比 9.71%，低于三省一市均值 1.85 个百分点。这表明安徽省领头创新机构的国际影响力、协同创新仍待提升（具体见图 3 - 16）。

图 3 - 16　2022—2023 年安徽省入围机构的创新表现特征

资料来源：《长三角区域创新机构发展研究报告》。

第
4
章

长三角科技企业标杆主体培育

党的二十大报告提出,要"强化企业科技创新主体地位,发挥科技型骨干企业引领支撑作用"。科技企业是产业创新、科技成果转化的关键载体,是推进高质量发展的核心骨干,是推进新质生产力发展的"生力军"。本章分析科技领军企业主要特征,对国内主要科技企业评价进行梳理,对长三角高新技术企业、科睿唯安(Clarivate Analytics)创新企业百强、高成长科技企业等重点企业进行态势跟踪,以供参考。

4.1 科技领军企业形势研判

4.1.1 科技领军企业相关研究

近年来,随着培育企业创新主体议题关注度的提升,也有诸多学者开展科技领军企业的研究,主要包括以下几个方面:

1. 科技领军企业概念

关于领军企业概念,学术界尚未形成统一界定。陈劲(2021)提出科技领军企业是在明确的科技创新战略引领下,在关键共性技术和前沿引领技术等方面取得明显优势,能够在产业链融通创新中发挥引领带动作用,并在自主品牌、产业标准等方面居于同行业国际领先位置的创新型企业。尹西明(2021)提出领军企业作为科技创新骨干力量,不仅是推动产业链和创新链融合的"出题者",还是国家参与国际科技竞争并掌握话语权的代表者,作为国家战略科技力量的重要组成部分,在突破"卡脖子"问题上,科技领军企业应自觉履行高水平科技自立自强使命担当。邵记友(2023)提出领军企业是研发生产体系完备、技术水平较高、行业地位突出、资源储备丰富的行业引领者。刘庆龄(2022)等认为领军企业是能敏锐捕获市场信息，集聚国家实验室、科研机构、高水平研究型大学以及产业企业协同创新，打通从科技强到企业强、产业强、经济强通道的国家战略科技力量。张树满（2022）等指出领军企业是制造业的核心力量，在技术创新、产业升级和经济发展上发挥着重要的引领和示范作用。庄芹芹（2023）提出领军企业是关键核心技术创新和产业瓶颈突破的重要主体，在创新全生命周期均发挥核心作用；要发挥"出题人""答卷人""阅卷人"作用。张赤东（2021）提出科技领军企业是创新型企业中的佼佼者，在产业技术创新中处于领导地位，代表着该领域中最高的技术创新能力及国际竞争力水平，是发挥企业创新主导作用的骨干力量，是一个国家提升国际创新竞争的重要抓手。

2. 创新链作用与协同机制

邵记友（2023）以华为公司为案例，从领军企业视角切入探究创新链结构，分析领军企业促使链中多元主体协同创新的机制。马宗国（2023）借鉴发达国家的成功经验，提出领军企业牵头组建创新联合体应重点打造"五大应用场景"。陈志（2023）提出科技领军企业是在重点领域引领科技前沿、主导创新生态、领跑竞争赛道的科技企业，是产业链链长的"天选之子"，并从竞争力、创新能力、创新生态等方面强化科技领军企业居于产业链创新链核心位置。徐森（2023）基于2000—2020年的82家中国企业技术创新案例数据，探讨了中国领军企业创新链模式。通过构建"4"创新链模式分类，将30家中国领军企业分成三档共计12种创新链模式。

3. 科技领军推进关键核心技术

霍影（2024）基于扎根理论，以华为作为案例分析对象，从创新生态系统视角对科技领军企业遭遇"卡脖子"情境的根本动因、阶段特征、突围方式和突破结果进行分析，提出科技领军企业突破性技术创新路径。陈凤（2023）基于领军企业的所有制差异及其在应对变革时所面临的组织惯性，围绕动态环境下"目标迁移—惯性识别—惯性克服"的分析思路，基于过程研究范式，对操作系统领域代表性本土领军企业关键核心技术突破的过程与机理开展纵向案例研究。张树满（2022）以特变电工为案例研究对象，分析得出制造业领军企业培育关键核心技术持续创新能力的关键要素包括持续的创新投入、产学研创新联合体、创新平台、重组和并购整合行业关键技术、融入全球创新链和产业链、科技领军人才。

4. 科技领军企业培育方式

应益昕(2020)分析欧洲药物创新计划,提出领军企业在参与国家层面重点科研计划项目中发挥的组织实施作用,为我国药物研发计划的组织实施中科技领军企业发挥作用提供借鉴。杨博文(2022)通过对企业参与国际竞争、保障产业链安全、引领未来产业等方面的必要性分析,结合我国企业在承担战略科技任务方面的成效与问题分析,提出可以从企业投入原始创新、企业牵头组建创新联合体、企业参与重大科技项目等方向设计企业参与国家战略科技力量建设的路径建议。何平(2023)对比分析中美科技竞争中我国科技领军企业发展面临三大挑战,从完善机制、优化环境、吸引人才和加大研发投入等方面提出对策建议。方源(2021)以河北省创新型领军企业为研究对象,归纳企业发展的特点,从创新投入、创新产出、经济效益3个角度,选取了6个二级指标,建立了领军企业创新能力评价指标体系,对河北省创新型领军企业创新能力进行评价分析。

4.1.2 科技领军企业特征

综合以上研究分析,科技领军企业是指科技创新投入水平高,在关键共性技术、前沿引领技术和颠覆性技术方面取得明显优势,在产业标准、发明专利、自主品牌等方面表现突出,具有高效的创新内部组织体系,具有丰富的外部协同创新网络,有明确的科技创新愿景使命和科技创新战略,在其所属行业领域具有国际影响力的创新型企业。科技领军企业具有以下特征。

(1)卓越的创新投入。这些企业在研发方面的投入显著,致力于通过科技研究和开发保持其产品和服务的领先地位。大量的创新投入有助于企业持续推出创新解决方案,保持技术优势。创新投入包括稳定的研发资金投入,较强的研发投入强度,以及持续性的科研人员投入。

(2)全球性视野。科技领军企业往往具有全球化的业务布局和视野,它们能够跨越国界,将产品和服务推广到全球市场。科技领军企业往往具有全球化的业务运营,它们不仅在本土市场表现强劲,还能在全球范围内竞争和扩张,利用全球资源优化其供应链、研发和市场战略。

(3)战略伙伴关系。成功的科技领军企业通常会与其他组织建立战略性的伙伴关系,包括供应链合作伙伴、研究机构。这些伙伴关系有助于它们获取新的市场机会、共享资源和知识,以及促进技术创新和应用。

（4）核心技术创新能力。科技领军企业在产品、服务、技术方面持续进行创新。它们不仅关注当前的技术趋势，还致力于开发未来的技术和解决方案，推动整个行业的进步。

（5）创新市场地位。科技领军企业在其所处的市场领域内占据领先地位，不仅在市场份额上领先，而且在品牌影响力、客户忠诚度等方面也处于领先位置。科技领军企业通常具有强大的财务表现，包括稳定的收入增长。

（6）人才与内部创新文化。这些企业吸引和保留了大量优秀人才，包括顶尖的科学家、工程师、市场和管理人才。它们通常拥有鼓励创新、追求卓越和接受失败的企业文化。这种文化环境激发员工的潜能，推动企业持续前进。强大的企业文化和清晰的价值观是科技领军企业的另一大特征。它们通常倡导创新、开放、包容和合作的文化。这种文化不仅吸引了优秀人才，也促进了内部创意的产生和信息的自由流动。

（7）灵活的组织结构。科技领军企业倾向于拥有灵活、敏捷的组织结构，以快速响应市场变化和技术进步。这种组织结构促进跨部门合作，加速决策过程，使企业能够迅速利用新兴机会或应对潜在挑战。

（8）社会责任。许多科技领军企业认识到其对社会和环境的影响，因此在其业务和创新实践中融入了可持续发展和社会责任的理念。通过这种方式，它们不仅追求经济效益，还致力于产生积极的社会影响。

4.2 重点科技企业评价类型

4.2.1 龙头企业榜单

（1）《财富》世界 500 强。"世界 500 强排行榜"自 1955 年起由《财富》杂志每年发布一次，最新榜单于 2022 年 8 月 3 日在财富官网发布，是国际上衡量全球大型公司的最著名、最权威的榜单之一，被经济学界认为是世界各国经济状况的晴雨表，在入榜企业广度和认可度上远超其他同类榜单。该榜单重视企业规模，以销售收入为依据遴选出全球 500 强企业，能够反映公司销售收益率、净资产收益率、全员生产效率等经营质量的变化，揭示大企业群体分布的变化。

（2）中国企业 500 强。中国企业 500 强是由中国企业联合会、中国企业家协会按国际惯例组织评选、发布的中国企业排行榜。自 2002 年起，每年向社会公布一次中国企业 500 强年度排行榜。评选标准：中国企业联合会、中国企业家协会以上一年企业营业收入为入围标准，以各家企业年度销售收入、利润和资产等有关数据为依据，经专家委员会审定，确定中国企业 500 强名单。

（3）中国新经济企业 500 强。中国新经济企业 500 强榜单是中国企业评价协会发布的榜单，旨在评选出一批新产业、新业态、新商业模式的示范企业。中国企业评价协会是具备企业评价资质的国家级社团法人组织。指标体系：中国新经济企业 500 强测评以选取市/估值作为新经济企业 500 强评价的主序指标，以企业规模、成长速度、盈利能力、科技驱动、人才就业、社会舆情 6 类及 9 项细分指标作为修正指标，对估值进行修正，最终产生中国新经济企业 500 强榜单（见表 4－1）。

表 4－1　龙头企业榜单类型

序号	榜单名称	发布机构	首发时间	备注
1	《财富》世界 500 强	《财富》杂志	1955 年	国际
2	中国企业 500 强	中国企业联合会、中国企业家协会	2002 年	协会
3	中国新经济企业 500 强	中国企业评价协会	2020 年	协会

4.2.2　科技龙头企业

（1）胡润全球独角兽榜。胡润研究院携手广州市商务局、广州高新区联合发布《全球独角兽榜》，列出了全球成立于 2000 年之后，价值 10 亿美元以上的非上市公司。胡润研究院从 2017 年开始追踪记录中国独角兽企业，从 2019 年开始追踪记录全球独角兽企业，目前已经发布了 3 次全球独角兽榜。胡润百富是追踪记录中国企业家群体变化的权威机构，编制了一系列具有突破性意义的排行榜，对于记录中国经济进程的作用被广泛肯定。

（2）欧盟全球企业研发投入 2 500 强榜单。来自《欧盟产业研发投入记分牌》的榜单数据。《欧盟产业研发投入记分牌》自 2005 年起收集并研究欧盟及全球高研发投入企业的经济和财务数据，每年监测不同企业、行业、经济体的投入规模和特征，分析工业研发、科技战略及技术获取过程中的关键因素，旨在为企业、投资机构、政府部门这 3 类受众提供参考。《欧盟产业研发投入记分牌》中的欧盟全球企业研发投入 2 500 强榜单主要记录了企业研发投入、研发强度、盈利情况和企业规模等方面的数据。

（3）科睿唯安全球（全国）百强创新机构。科睿唯安是全球专业信息提供和分析服务领域的翘楚，近年来，科睿唯安围绕创新，发布了系列创新百强报告，包括《2016 年全球百强创新机构》《2016 年中国大陆创新企业百强》等。2017 年 11 月，科睿唯安发布了《2017 年中国大陆创新企业百强》，获得了政府、企业等社会各界的广泛关注。专利是用来衡量企业创新能力的重要定量指标。科睿唯安主要通过 4 个方面构建指标体系：发明专利总量、专利授权率、全球化、影响力。从 4 个维度，对企业专利数据进行分析，并进行综合评分，遴选出 100 强企业。德温特专利家族：在 DWPI 中，新发明用"基本专利"来表示。所有针对同一个新发明的后续申请均被记录为"等同专利"，被归入"专利家族"。这种计算方式更能准确反映发明专利的实际情况，避免多次公开带来的干扰。

（4）全球最具创新力企业 50 强。从 2005 年开始，全球著名管理咨询公司波士顿咨询公司（The Boston Consulting Group，BCG）每年都会公布《全球最具创新力企业报告》。波士顿咨询公司是一家全球性管理咨询公司，是世界领先的商业战略咨询机构，客户遍及所有行业和地区。其评级标准是根据对 1 600 名全球创新专业人士进行的调查得出的数据，列出了 2021 年全球最具创新力的 50 家公司，在评选全球 50 强创新企业时使用了 4 个变量：全球"思想共享"，来自所有创新高管的票数；行业同行评审，公司所属行业高管的投票数；产业颠覆，衡量跨产业投票的多样性指数；价值创造，股票总回报。

（5）中国新科技 100 强榜单。该榜单聚焦中国科技前沿企业，由行业专家、教授从各领域行业中遴选出 100 家实现可持续增长的科技型、创新型企业。该榜单自 2020 年起，由中国科学院主管的权威媒体《互联网周刊》发布，目前已经连续发布两年。

（6）2021 中国企业科创力 100 强排行榜。该排行榜来自南方周末科创力研究中心发布的《中国企业科创力研究报告（2021）》，从研发投入、研发产出、公司发展 3 个维度出发，依托 27 个核心指标的科创力指标体系，通过上市公司年报披露的研发投入、研发人员、研发强度、企业经营等数据，基于全球 126 个国家和地区、约 1.6 亿条专利数据的数据库，以及国家、省部级颁布的 2020 年科学奖奖项情况，首次以一种完全公开、透明、公正的方式，综合评估企业科创力；用数据说话，试图更好地定义企业在所属行业、中国科创版图中的坐标。指标的总分为 100，各指标项设置不同权重，企业的指标项得分，以该企业指标项数值为分子、5 848 家企业最高数值为分母，乘以该指标项的权重。

（7）全国企业科技创新100强榜单。该榜单来自八月瓜创新研究院发布的《全国科技创新百强指数报告》，自2019年起发布，目前已经连续发布4年。我国微观层面创新指数项目研发薄弱，一直是创新能力评价体系的明显短板。八月瓜创新研究院自2016年构建起雄厚的全球科技情报信息数据库，在此基础上构建科技创新百强指数，评测对象已覆盖全国最广大的微观创新主体，创新指数指标体系经过不断调整、完善，逐渐趋于优化合理，对于微观领域市场主体独有的创新导航价值和研发决策参考价值逐渐凸显，在科技创新相关领域引起越来越广泛的关注。企业科技创新指数指标体系基于"创新能力""创新价值""创新影响"3个一级指标进行构建，在3个一级指标下选用了9个二级指标和23个三级指标，指标体系中的各级指标构成综合创新指数评价的有机整体。通过科学评测和深入分析，遴选出全国科技创新企业100强（自2021年起榜单扩展为全国科技创新企业500强）。

（8）中国企业创新能力百强排行榜。《中国企业创新能力百强排行榜》由中国人民大学企业创新课题组发布。该榜单自2017年起每年发布一次，是目前国内规模最大、理念最新的企业创新能力排行榜之一，具有覆盖面广、评价指标丰富、理念新颖、基础数据详实可靠四大鲜明特色。该榜单以信息完备、质量可靠的基础性数据作为支撑，构建包含专利数量、专利质量、创新价值扩散、创新网络宣传四个方面的指标体系，对中国所有高新技术企业的创新能力进行全覆盖、全方位的评价（见表4-2）。

表4-2　科技龙头企业榜单类型

序号	榜单名称	发布单位	首发时间	备注
1	胡润全球独角兽榜	胡润研究院、广州市商务局、广州高新区	2019年	国际
2	欧盟全球企业研发投入2500强榜单	欧盟委员会	2005年	国际
3	全球（全国）百强创新机构	科睿唯安	2017年	国际
4	全球最具创新力企业50强榜单	波士顿咨询公司	2005年	国际
5	中国新科技100强榜单	互联网周刊	2020年	媒体
6	2021中国企业科创力100强排行榜	南方周末科创力研究中心	2021年	媒体

（续表）

序号	榜单名称	发布单位	首发时间	备注
7	全国企业科技创新 100 强榜单	八月瓜创新研究院	2019 年	民间
8	中国企业创新能力百强排行榜	中国人民大学企业创新课题组	2017 年	高校

4.3　长三角科技企业发展动态

长三角地区集聚了众多科技企业，它们成为推动长三角区域创新发展的重要主体。具体来看，表现出以下发展态势。

科技企业集聚度高，高新技术企业数量以及经济规模占比全国约为 30％。以高新技术企业为例，截至 2022 年底，三省一市高新技术企业数量达到 11.84 万家，全国占比 30％；年末从业人员达到 1 383.33 万人，全国占比 30.1％；营业收入达到 212 380.16 亿元，全国占比 29.5％；工业总产值 162 101.76 亿元，全国占比 31％（见表 4-3）。《2022 年欧盟产业研发投入记分牌》报告，全球研发投入最多的 2 500 家企业中，长三角地区 220 家，占比 26.8％，全球占比 32.4％。

表 4-3　长三角三省一市高新技术企业规模数据及占全国比重（2022 年）

区域	高新技术企业数/万家	年末从业人员/万人	营业收入/亿元	工业总产值/亿元
全国	39.45	4 592.04	720 237.78	523 083.05
上海	2.33	229.54	43 663.81	17 748.79
江苏	4.47	490.74	77 463.06	69 632.64
浙江	3.52	493.32	66 775.63	53 447.30
安徽	1.51	169.73	24 477.66	21 273.03
三省一市合计	11.83	1 383.33	212 380.16	162 101.76
三省一市合计占全国比重	30.0％	30.1％	29.5％	31.0％

注：数据来源《2023 中国火炬统计年鉴》。

从经营性指标来看，长三角地区高新技术企业人均产出效率中，上海、江苏、浙江总体表现好于全国平均水平，安徽整体低于全国平均水平。人均净利润方面,上海、江苏、浙江均高于全国平均水平,特别是浙江达到11.73万元/人;人均上缴税费方面,上海表现最好,人均上缴税费达到6.94万元/人,是全国平均水平1.23倍;上海在人均营收方面也表现较好,是全国平均水平的1.21倍(见表4-4)。

表4-4 长三角三省一市高新技术企业经营指标数据(2022年)

区域	人均净利润/万元/人	人均上缴税费/万元/人	人均营收/万元/人	(净利润/营收)/%
全国	10.03	5.64	156.84	6.4
上海	11.12	6.94	190.23	5.8
江苏	10.43	5.28	157.85	6.6
浙江	11.73	5.43	135.36	8.7
安徽	7.32	4.56	144.22	5.1

注:数据来源《2023中国火炬统计年鉴》。

科技企业门类更多,主要分布在重点制造业领域,显示出硬核科技特点。从独角兽企业来看,长三角地区集聚了全国约2/5的独角兽企业。2024年4月9日,胡润研究院于广州发布了《2024全球独角兽榜》,列出了全球成立于2000年之后、价值10亿美元以上的非上市公司。胡润研究院在全球找到1453家独角兽企业,中国共有340家。榜单显示,长三角三省一市汇集独角兽企业141家,占全国比例41.47%,接近2/5。且三省一市独角兽企业主要在新能源、集成电路、生物医药、人工智能等领域,与硬科技发展领域切合(见表4-5)。

表4-5 2024全球独角兽榜长三角三省一市分布行业

行业领域	企业数量	行业领域	企业数量
新能源	18	食品饮料	4
半导体	17	游戏	3
生物科技	13	大数据	2
人工智能	11	量子科技	2
软件服务	11	零售	2
电子商务	9	消费品	2
健康科技	9	娱乐	2
新能源汽车	6	云计算	2
金融科技	5	工业设备	1
企业服务	5	光学电子	1

（续表）

行业领域	企业数量	行业领域	企业数量
物流	5	航天	1
共享经济	4	消费电子	1
机器人	4	新材料	1

根据《2024 全球独角兽榜》整理。

4.4　科睿唯安创新企业百强跟踪

科睿唯安,原汤森路透知识产权与科技事业部,是全球专业信息提供和分析服务领域的领导企业。科睿唯安始终致力于关注全球特别是中国企业的创新发展。近年来,科睿唯安陆续面向全球发布"全球百强创新机构""中国大陆创新企业百强"等年度报告,旨在通过专业数据和分析能力,以公正、科学的方法遴选出企业的创新引领者,展示企业在创新上取得的非凡成就,并及时发现企业在创新发展中存在的不足。通过对科睿唯安全球企业创新前沿情况及上海表现进行了分析,以期获得有益的经验和启示。

科睿唯安从 2011 年开始发布《全球百强创新机构》报告(以下简称报告),重点关注全球最具创新力的机构在专利和技术创新能力方面的表现。2023 年全球百强创新机构报告发现,入选百强的企业与机构拥有持续的卓越创新表现,处于全球创新生态系统的最顶端。2023 年,我国的京东方、华为、蚂蚁集团、瑞声科技四家大陆企业上榜,其中瑞声科技是首次上榜;我国台湾地区南亚科技、华邦电子两家企业上榜。

4.4.1　评价方法

科睿唯安"全球百强创新机构"遴选项目基于与创新力直接相关的多项衡量标准,通过对全球专利数据进行全面的比较分析,来评估每项发明的强度。在得到每项发明的强度之后,为了识别持续产出强大发明的创新机构,我们设定了候选机构必须满足的两项标准门槛,并且还增设了一个指标来衡量创新机构过去 5 年的发明创新成果。

在评选过程中,采用了德温特世界专利索引和德温特专利引文索引

（DPCI）的专业数据。DWPI 数据库由科睿唯安数千名科学和工程技术领域专家组成的编辑团队创建和维护，汇集全球专利情报，是人类世界利用创新发明攻坚克难的知识宝库；DPCI 则关注那些被专利申请人和专利审查员在后续专利申请中引用的发明。

对专利和引证数据进行分析的 4 个指标是：影响力、成功率、全球化和独特性，用来衡量创新机构过去 5 年发明创新成果的指标为发明强度。将每项发明与所有其他发明进行比较之后，在众多候选机构中始终表现突出、排名靠前的机构即成为全球百强创新机构。

其中，影响力——基于对其他机构的发明创意所产生的影响，评估发明的技术引领水平

成功率——发明作为新颖且可行的创意成果，所获得的经济资产的水平

全球化——申请专利所覆盖的地理范围和资金投入的水平

独特性——发明在技术发展曲线上所处的位置

发明强度——根据以上 4 个因素，每项发明会得到一个体现发明强度的综合得分

4.4.2 全球百强创新机构总体情况

在区域分布上，亚洲机构表现抢眼，引领全球创新发展（见图 4-1）。从国家来看，上榜机构分布于亚洲、北美洲和欧洲的 12 个国家和地区。其中，日本上榜机构数量仍然最多，共 38 家，美国上榜 19 家，日美两国的上榜机构之和占比超过 50%。亚洲在近十年来呈现波动上升趋势，2016 年上榜数量与北美洲持平，随后开始逐步领先，创新优势凸显，并进一步延续在全球创新生态系统中的领导地位，2023 年有 58 家来自亚洲的机构入选，比 2022 年增加 4 家。日本有 38 家机构入选，再次成为入选机构数量最多的国家。中国台湾有 11 家机构入选，韩国有 5 家单位入选，中国大陆有 4 家入选。

欧洲机构创新发展趋于平稳，2023 年上榜机构数量为 23 家，虽相较 2022 年下降 5 家，但其数量仍占百强的两成以上，其中，法国和德国各有 7 家入选。北美洲机构优势减弱，百强创新机构数量从 2022 年开始急剧下降，2023 年入选百强榜单的机构数量为 19 家，全部来自美国。

在行业分布上，电子和计算机行业优势明显（见图 4-2）。电子和计算机设备行业是 2023 年百强中占比最多的行业，有 26 家所属机构入选，占全部百

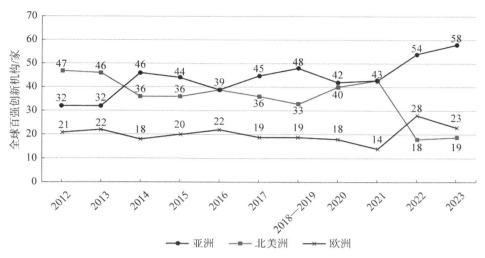

图4-1 全球百强创新机构分布情况

注:数据来源于《全球百强创新机构》报告。

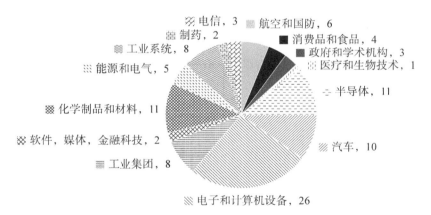

图4-2 2023年全球百强创新机构行业分布情况

注:图中数字表示入选数量(家),来自《全球百强创新机构》报告。

强机构的1/4以上,相较2022年减少2家,首次上榜的瑞声科技同样来自电子和计算机设备行业。化学制品和材料行业以及半导体行业紧随其后,表现持续强劲,各有11家机构入选,其中,化学制品和材料行业较2022年增加1家,半导体行业较2022年增加3家;汽车行业仍然面临挑战,有10家机构入选,上榜机构数量表现出下降态势,相较2022年减少2家,跨行业的竞争给传统汽车行业带来阵痛,但行业整体仍然保持着创新活力。此外,工业集团逐渐崛起。工业集团行业从去年的 7 家增加到今年的 8 家。能源和电气行业优势减弱，从去年的 6 家减少到今年的 5 家。所有其他行业的上榜机构数量与 2022 年持平。

4.4.3 大陆企业在全球创新百强中的表现

中国大陆进入全球创新百强的机构均为民营领军企业。2011 年至今，中国大陆地区上榜企业数量共有 10 家（见表 4-6）。大陆地区上榜企业与全球百强行业分布保持一致，主要集中在电子信息、硬件等领域。

表 4-6 2011—2023 年中国大陆企业入选全球百强创新机构情况

序号	公司简称	所属行业	上榜年份
1	华为（Huawei）	电信	2014、2017、2018、2019、2020、2021、2022、2023
2	腾讯（Tencent）	软件	2020、2021
3	小米（Xiaomi）	硬件和电子	2019、2020、2021
4	比亚迪（BYD）	汽车	2019
5	中国信息通信科技集团有限公司（CICT）	电信	2021
6	阿里巴巴（Alibaba）	软件、媒体、金融科技	2022
7	蚂蚁集团（Ant Group）	软件、媒体、金融科技	2022、2023
8	京东方（BOE Technology）	电子和计算机设备	2022、2023
9	TCL（TCL Technology）	电子和计算机设备	2022
10	瑞声科技（AAC Technologies）	电子和计算机设备	2023

面对激烈的全球化竞争，我国亟待培育更多"硬核"实力创新企业。全球高科技领域竞争日趋激烈，研发协同和开放式创新格局日益凸显。同时，占据头部的创新机构虽然各类专利产出的数量增速不如中小企业，但在影响力和授权率方面则表现突出，在创新商业化方面表现出明显优势。在此背景下，我国各类创新企业未来想要通过技术创新实现赶超可能面临着更多的挑战。未来，创

新驱动发展需要硬核科技企业的支撑。

4.5　高成长科技企业——瞪羚企业评估跟踪

4.5.1　瞪羚企业主要特征

"瞪羚企业"是指成长速度快、创新能力强、专业领域新、发展潜力大的高成长企业,"个头不大、跑得快、跳得高"是这类企业和"瞪羚"共有的特征,因此予名"瞪羚"。"瞪羚企业"的概念诞生于 20 世纪 90 年代,最初由美国麻省理工学院教授戴维·伯奇提出,美国《硅谷指数》将瞪羚企业作为反映区域创新的重要指标之一。经合组织(OECD)每年会持续跟踪瞪羚企业等高成长企业发展情况。近年来,《福布斯》、胡润研究院也对我国瞪羚企业进行发布。科技部火炬中心自 2014 年起,按年度编制《国家高新区瞪羚企业发展报告》对外发布。综合比较来看,这些"瞪羚"企业评价指标具体如下共性特点。

一是强化营收、从业人员的增长速度,多数提出 3～4 年内年均 20％为认定标准。英国企业研究中心研究提出,企业生命周期中有一段"高成长期",这一阶段通常为 3 年,在此期间企业人数从 10 人(或更高)增长超过 72.8％。营收指标也被增加值、销售收入等指标替代。英国企业研究中心还采用了劳动生产率为指标,但相应测度也较为复杂。

二是突出了瞪羚企业创造新增就业的重要贡献。依据最初提出的定义,瞪羚企业是指"规模快速增长,且创造了大量新增就业机会的少数中小企业"。美国考夫曼基金会分析了瞪羚企业对经济社会的贡献,指出瞪羚企业多数为新生和初创企业,数量少却创造了远高于平均水平的就业机会。

三是强调企业成立时间。OECD 和欧洲统计局在认定了高成长企业的基础上,提出企业成立时间不超过 5 年。《国家高新区瞪羚企业发展报告 2021》提出入选企业成立时间不早于 2010 年。

四是设置了入选企业的相对比例。欧盟对瞪羚企业进行指标测度后,提出排名前 10％的中型企业和前 5％的小型企业认定为瞪羚企业,表征"瞪羚企业"是少部分的企业特点。OECD《企业人口统计手册》计算了瞪羚企业占全部企业的比例,2007 年大部分 OECD 国家瞪羚率约为 1％,仅有少数国家超过 4％。

总体来看,各类瞪羚企业的指标体系强调了"营收、人员",成长指标强调了"3～4年内20%增速",在经济社会贡献强调了"对新增就业的突出贡献",时间上强调了"初创企业",规模上强调了"中小企业"。近年来,基于科技创新的瞪羚企业更多涌现,瞪羚企业也呈现"科技企业"的特点,例如《国家高新区瞪羚企业发展报告2021》指出,九成以上瞪羚企业属于高新技术领域。

4.5.2 京沪深瞪羚企业分析

综合各类榜单比较,上海瞪羚企业排名全国居前。在2023年榜单中,上海瞪羚企业数量居于全国首位,为63家,高于北京、深圳;但2023年增幅低于北京深圳。福布斯发布的瞪羚榜单中,在2020年(仅此一年发布)发布的榜单中,上海为27家,低于北京,是深圳的3倍。北京千强瞪羚企业发布的报告中,上海162家,约为北京的2/5。总体而言,各类榜单中上海表现不一,可见指标方法、数据来源方面存在一定差异(见表4-7)。

表4-7 京沪深瞪羚企业数量比较情况(2023年)

榜单	北京	上海	深圳	发布年份
胡润全球瞪羚企业	49(↑6家)	63(↑2家)	34(↑6家)	2023年
胡润中国瞪羚企业	39	54	21	2021年
福布斯中国	37	27	9	2020年
科技部火炬中心(高新区)	389(中关村)	243(张江高新区)	187(高新区)	2022年
北京千强瞪羚企业认证咨询中心	282	115	未进入城市排名前7	2022年

数据来源:《2023胡润全球未来独角兽》。

从行业分布看,以公布名单的胡润榜单为例,入围企业分布集中在生物医药、集成电路等领域,与全市重点发展产业领域基本一致。2023年胡润全球瞪羚企业名单中,上海瞪羚企业多数分布在生物科技(18家)、半导体(12家)、物流(5家)、软件服务(5家)等,显示出上海在生命健康、集成电路、企业信息服务等领域的领先优势。相比而言,人工智能、传媒娱乐、新能源、机器人等均有2家企业入围,相对数量较少,仍需继续发力(见表4-8)。

表 4-8 胡润全球瞪羚企业 2023 上海入围企业行业分布

序号	行业	企业数量	企 业 简 称
1	生物科技	18	上海细胞、优锐医药、劲方医药、厦泰生物、宜明昂科、岸迈生物、恒翼生物、极日生物、梅斯医药、海和生物、爱科百发、科望医药、科笛生物、臻格生物、药明奥测、西比曼生物、鹍远基因、鼎航医药
2	半导体	12	上海显耀、天数智芯、康希通信、星思半导体、景略半导体、曦智科技、爱芯元智、瞻芯电子、移芯通信、芯翼信息、英韧科技、赛卓电子
3	物流	5	凯京集团、则一供应链、天地汇、聚盟物流、运去哪
4	软件服务	5	再惠、天天拍车、小鱼易连、甄云科技、聚水潭
5	企业服务	4	七牛云、冰鉴科技、斗象科技、观安信息
6	健康科技	4	以心医疗、捍宇医疗、澎立生物、纽脉医疗
7	人工智能	2	森亿智能、几何伙伴
8	传媒和娱乐	2	梨视频、蜻蜓 FM
9	新能源	2	未来能源、重塑能源
10	机器人	2	弘玑、节卡机器人
11	消费品	2	优萃生物、内外
12	共享经济	1	斯维登
13	大数据	1	达观数据
14	新零售	1	小佩宠物
15	电子商务	1	一条
16	餐饮	1	M Stand

数据来源:《2023 胡润全球未来独角兽》。

　　从空间分布看,瞪羚企业集聚特征明显。从上海市 16 个行政区分布看,浦东新区集聚度最高,共有 33 家瞪羚企业,占比 52.4%,其后为闵行(7 家)、普陀(4 家)嘉定(4 家)、崇明(3 家)、青浦(3 家)、奉贤(2 家)。排名前 7 的行政区合计数量 56 家,占比 88.9%。这表明瞪羚企业同样具有较强的集聚效应,同时也对政策具有一定敏感性。

4.5.3 相关启示

加速培育科技型高成长科技企业,是上海建设科创中心的重要使命。近年来围绕企业成长全生命周期,上海市科委积极会同相关委办,围绕创新链、产业链互动发展,持续加强政策链匹配供给,围绕"科小企业-高企-小巨人-科技上市企业"全生命周期的培育体系逐步形成。

高成长企业榜单及各类企业榜单既要长期关注,也要理性看待,以观察上海各类科技加大发展的状态。综合而言,上海仍需加强对科技企业的扶持力度,加快培育细分领域科技标杆企业,持续强化企业科技创新主体地位。

一是进一步做大高成长企业基数,孵化更多"新苗"。加快落实《上海市高质量孵化器培育实施方案》,培育"超前孵化""学科＋孵化"等新模式,畅通"转化-孵化-产业化"链条,培育硬科技企业。聚焦科技资源密集、科技产业集聚的重点区域,打造 2~3 个创新创业"核爆点"。

二是进一步引导市场需求,推进新产品新技术应用示范。加快应用场景向科技企业开放,以"市场应用"驱动企业成长。推进大中小企业融通创新,鼓励国有企业采购科技中小企业"首台套"产品和技术。鼓励各类科技企业政策向中小企业倾斜,加快各类要素向高成长科技企业集聚。

三是进一步完善全链条的服务机制。拓宽企业家参与科技决策的方式与渠道,完善高成长企业家参与上海科技战略决策。开展对高成长科技企业定期分析与跟踪,掌握国内外高成长企业发展动态与政策举措。进一步优化评价指标体系和监督管理办法,发布动态指数。

长三角区域高新区高质量建设

长三角高新区在科技创新、产业集聚、人才引进和区域协同发展等方面发挥了重要作用,成为推动长三角地区经济高质量发展的重要引擎。基于《中国火炬统计年鉴》的数据①,深入分析长三角高新区的发展现状,为政策制定和区域发展提供科学依据和参考。

5.1 长三角区域高新区发展态势

作为国家创新驱动发展战略的核心区域,长三角高新区在推动科技创新、促进产业升级、提升区域经济竞争力方面发挥了至关重要的作用。截至 2022 年底,长三角地区共有 36 个国家级高新区,覆盖面广、发展层次高,约占全国国家级高新区总数的五分之一。

2018 年 11 月 5 日,习近平总书记在首届中国国际进口博览会上宣布,支持长江三角洲区域一体化发展并上升为国家战略。国家和地方政府高度重视长三角科技创新一体化发展,出台了一系列支持高新区建设和发展的政策文件。2019 年 12 月 1 日,中共中央、国务院发布《长江三角洲区域一体化发展规划纲要》。为贯彻国务院该规划,2020 年,长三角三省一市分别出台了推进长三角一体化的实施方案;2020 年 12 月,科技部印发《长三角科技创新共同体建设发展规划》,明确要建设具有全球影响力的长三角科技创新共同体;2021 年 6 月,国务院推动长三角一体化发展领导小组办公室印发了《长三角一体化发展规划"十四五"实施方案》;2022 年 8 月 22 日,上海市科学技术委员会、江苏省科学技术厅、浙江省科学技术厅、安徽省科学技术厅制定了《三省一市共建长三

① 本报告研究数据来自《中国火炬统计年鉴》中记录的长三角地区国家级高新区的数据。

角科技创新共同体行动方案(2022—2025 年)》。2022 年 11 月 9 日,科技部公布了《"十四五"国家高新技术产业开发区发展规划》。

    长三角高新区的研究成果具有重要的理论价值和实践意义。首先,研究长三角高新区的发展现状,不仅可以揭示其在科技创新、产业结构和经济效益等方面的具体表现,还有助于评估政策实施效果,为进一步优化区域发展战略提供数据支持,为区域经济的发展和国家政策的制定提供有价值的参考和指导。其次,长三角高新区在区域经济中占据重要地位,作为中国高新区发展的典型代表,其发展状况直接关系到整个长三角地区的经济增长和创新能力,通过研究高新区的发展现状,可以发现其在推动区域经济增长中的作用和不足,从而为高新区的高质量发展提出改进建议。在国家推动经济高质量发展的背景下,深入分析长三角高新区的发展现状和未来趋势,对于促进区域经济协调发展和实现创新驱动发展战略目标具有重要的现实意义(见表5-1)。

表 5-1　长三角三省一市国家高新区

区域	高新区名称	区域	高新区名称
上海市	上海张江高新技术产业开发区	江苏省	南京高新技术产业开发区
	上海紫竹高新技术产业开发区		无锡高新技术产业开发区
浙江省	杭州高新技术产业开发区		江阴高新技术产业开发区
	萧山临江高新技术产业开发区		徐州高新技术产业开发区
	宁波高新技术产业开发区		常州高新技术产业开发区
	温州高新技术产业开发区		武进高新技术产业开发区
	嘉兴高新技术产业开发区		苏州高新技术产业开发区
	莫干山高新技术产业开发区		昆山高新技术产业开发区
	绍兴高新技术产业开发区		苏州工高新技术产业开发区
	衢州高新技术产业开发区		常熟高新技术产业开发区
安徽省	合肥高新技术产业开发区		南通高新技术产业开发区
	芜湖高新技术产业开发区		连云港高新技术产业开发区
	蚌埠高新技术产业开发区		淮安高新技术产业开发区
	淮南高新技术产业开发区		盐城高新技术产业开发区
	马鞍山慈湖高新技术产业开发区		扬州高新技术产业开发区
	铜陵狮子山高新技术产业开发区		镇江高新技术产业开发区
	安庆高新技术产业开发区		泰州高新技术产业开发区
	滁州高新技术产业开发区		宿迁高新技术产业开发区

5.1.1　经济效益分析

长三角高新区在推动科技创新和产业升级的同时,其经济效益也得到了显著提升。通过对高新区的工业总产值、净利润等方面的数据分析,可以全面了解长三角高新区在经济效益方面的表现和成就。

(1) 工业总产值。工业总产值反映了一个地区在一定时间内工业生产的总规模和总水平,是衡量地区经济效益的重要依据。2014—2022 年长三角高新区工业总产值见图 5-1。从图 5-1 可以看出,2015—2022 年,长三角地区高新区工业总产值呈现出显著的地域差异。江苏位居榜首,其工业总产值在整个观察期内均遥遥领先于上海、浙江和安徽。2014 年,江苏的工业总产值为 1.95 万亿元,在 2019 年后呈现出明显的增长趋势,2022 年增至 4.34 万亿元,表明江苏在工业领域具有较强的持续发展潜力。2022 年浙江和上海高新区工业总产值位居第二名和第三名。上海高新区的工业总产值从 2014 年的 0.83 万亿元增长至 2022 年的 1.62 万亿元;浙江高新区的工业总产值从 2014 年的 0.4 万亿元增长至 2022 年的 2.07 万亿元,反映出两地的工业生产能力在近几年整体上保持了较高水平的增速,尤其是在 2018 年后,进一步拉开了与安徽的差距。而安徽的工业总产值则相对较低,截至 2022 年,安徽高新区的工业总产值达到 1.25 万亿元。

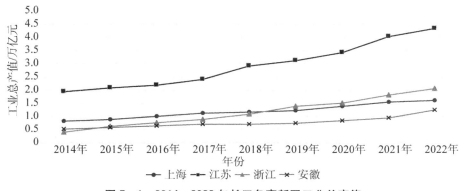

图 5-1　2014—2022 年长三角高新区工业总产值

增长率可以反映工业生产总规模的变化趋势和幅度。2015—2022 年长三角高新区工业生产总值增长率见图 5-2。总体而言,在 2015—2022 年间长三角高新区工业生产总值呈现正增长的态势,浙江高新区的增长率表现相对比较平稳,其中 2015 年、2016 年、2018 年、2019 年和 2021 年的增速均超过 20%,映射出经济增长较强的韧性。江苏则出现了较大的波动幅度。2018年的增长率出现了大幅度的跃升,达到21%,但在2019年急剧回落至6%,上海的增长率也比较平稳。安徽高新区增长波动,在2018年负增长,之后几年的增速逐步提升。

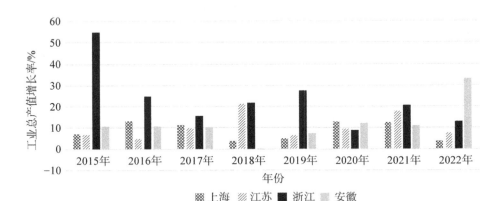

图5-2　2015—2022年长三角高新区工业生产总值增长率

表5-2展示了2014—2022年长三角地区高新区工业生产总值占全国比重的变化。在全国高新区总产值不断扩大的过程中,长三角地区从2014年全国的1/5,增长到近全国的1/3,说明长三角地区高新区的发展速度高于全国平均水平。分地区来看,江苏在整个观察期内占据了最高的比重,一直维持在11%~14%高占比水平。浙江的占比在近几年也出现了显著上升,从2014年的2%增长至2022年的7%,增长幅度超过2倍,反映出其在近几年的工业快速发展的趋势。上海和安徽的占比则变化相对平稳,上海长期维持在5%左右的占比,就上海高新区的规模而言,这个数据说明上海的工业生产能力属于比较高的水平,而安徽的占比则始终维持在接近3%的程度。

表5-2　2014—2022年长三角地区高新区工业生产总值占全国比重

地区	2014年	2015年	2016年	2017年	2018年	2019年	2020年	2021年	2022年
上海	5%	5%	5%	6%	5%	5%	5%	5%	5%
江苏	12%	11%	11%	12%	13%	13%	13%	14%	14%
浙江	2%	3%	4%	4%	5%	6%	6%	6%	7%
安徽	3%	3%	3%	3%	3%	3%	3%	3%	4%
合计	22%	22%	23%	25%	27%	27%	28%	29%	30%

综上所述,2015—2022 年长三角地区高新区工业总产值、总产值的增长率及其占全国比重的变化,反映了各省市在工业发展中的不同表现和动态变化。上海作为经济中心,其工业总产值和占比始终呈现出比较稳定的发展态势。江苏高新区规模最大,浙江增速最快,安徽近 3 年表现较好。

(2) 净利润。净利润直接反映了企业的盈利能力和经营效益。图 5 - 3 展示了 2014—2022 年长三角高新区净利润的变化情况。可以明显看出,上海在此期间的净利润一直保持领先地位,且在 2020 年以后呈现出显著增长的态势。江苏和浙江的净利润也在稳步提升,尤其是江苏,其净利润持续增长,并在2017 年追上上海。安徽的净利润虽然相对较低,但也在逐年增长,显示出良好的发展势头。

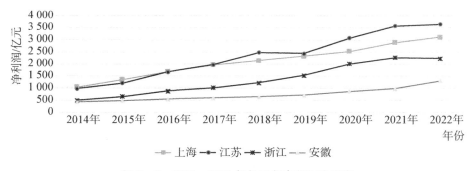

图 5 - 3　2014—2022 年长三角高新区净利润

图 5 - 4 显示了 2015—2022 年长三角高新区净利润增长率的变化趋势。可以看出,8 年间,各省市的净利润增长率存在较大波动。上海的增长率在2016 年至 2022 年经历了程度较大的波动,2019—2021 年在较低水平徘徊,而在 2021 年出现一定程度的回升。江苏高新区的净利润增长率表现非常好,虽然在 2019 年出现负增长,但是在多数年份的增长率都超过 15%,体现出其较强的盈利能力。浙江的增长率在多数时期都远超过全国总量的增长率,在2020 年达到 32%,而后有所回落。安徽的增长率则在 2016 年和 2021 年表现较好,但总体上波动较大,多数时候其增长率高于全国平均水平。

表 5 - 3 展示了 2014—2022 年长三角地区高新区净利润占全国比重。从数据可以看出,在 2014 年,长三角地区高新区利润占全国的比重只有 20%,到了 2022 年则达到 27%。分地区而言,上海在整个观察期内占全国比重稳定,

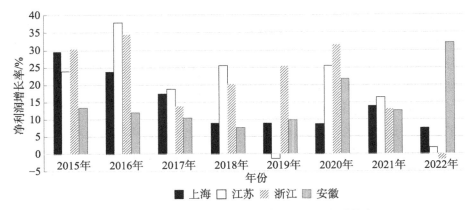

图 5-4 2015—2022 年长三角高新区净利润增长率

一直维持在 8% 上下,而工业总产值占全国的比重则只有 5%～6%(见表 5-2),说明上海高新区的产业含金量较高。江苏的占比从 2014 年的 6% 逐步提升至 2022 年的 10%,此外,其工业总产值占全国的比重在 2022 已经达到了 14%。浙江利润的占比也在逐年上升,2014 年与安徽一样,在全国的占比只有 3%,在 2022 年达到了 6%,也增加了 3 个百分点。安徽的占比则基本原地不动,维持在 3% 上下。

表 5-3 2014—2022 年长三角高新区净利润占全国比重

地区	2014 年	2015 年	2016 年	2017 年	2018 年	2019 年	2020 年	2021 年	2022 年
上海	7%	8%	9%	9%	9%	9%	8%	8%	8%
江苏	6%	8%	9%	9%	10%	9%	10%	10%	10%
浙江	3%	4%	5%	5%	5%	6%	7%	6%	6%
安徽	3%	3%	3%	3%	3%	3%	3%	3%	3%
合计	20%	23%	26%	26%	27%	27%	28%	27%	27%

综上所述,2015—2022 年间长三角高新区净利润和净利润增长率的变化以及其在全国比重的变化,反映了长三角高新区发展速度质量均高于全国水平。上海、江苏和浙江在净利润和全国占比方面表现突出,而安徽则展示出稳定增长的态势。

从发展水平来看,在长三角地,上海高新区在发展质量方面,遥遥领先;江苏高新区的工业生产总值处于领先地位,经济发展势头良好,其工业生产总值增长率均显著超越其他三地,同时也显示快于全国水平。

5.1.2 企业规模分析

企业是高新区经济发展的主体,其发展情况直接影响高新区的经济效益。长三角高新区通过吸引和培育高新技术企业,形成了较为完备的企业生态系统。

(1)企业注册数量。企业注册数量在一定程度上反映了其经济发展的活跃度和市场环境的优越,是衡量高新区营商环境的重要指标。2014—2022年长三角地区高新区累计注册企业数见图5-5。从图5-5可以看出,2014—2022年,长三角地区高新区的企业注册数量呈现良好的增长趋势。分地区来看,四地在企业注册数量方面有着与经济效益不同的发展格局,江苏的企业注册数量在整个观察期内均遥遥领先于上海、浙江和安徽,并且从2018年开始,江苏一直保持着较高的增长水平,2022年达到超过了84万家,超过其他三地之和。从企业注册数量数据来看,江苏高新区的发展状态较为积极,说明江苏高新区的商业环境和经济活力较强,吸引了更多的投资。上海在企业数量方面的表现不如江苏和浙江,部分原因是受制于其相对狭小的物理空间。安徽的企业注册数量增长迅速,到2022年达到14.5万家,反映出安徽在吸引企业落地方面竞争力强。

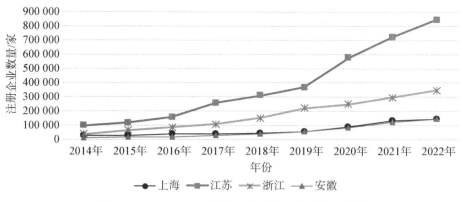

图5-5 2014—2022年长三角高新区注册企业数量

图5-6则显示了2015—2022年间长三角高新区企业注册数量增长率的变化趋势。整体来看,各省市的企业注册数量在近几年均呈现正向增长。上海的增长率在经历了几次明显的波动,2017年达到最低点后迅速反弹,2020年增

长率显著上升,超过全国增长率。江苏的企业注册增长率则呈现大幅波动的局面,从 2015 年的 20% 猛增到 2020 的 56%,在 2022 年又跌到 17%。浙江的增长率在 2015 年达到最高值 73%,此后起起落落,2019 年冲到 45%,2022 年跌到 16%。安徽的增长率在总体上波动较小,其中有 5 年的增长率超过 30%,2020 年高达 56%。长三角三省一企业注册增长率的差异也是营商环境与竞争的映射,地区整体较高的企业注册增长率也反映了区域良好的营商环境和经济发展态势。

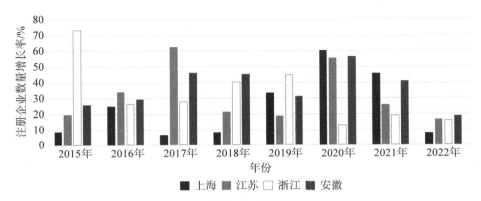

图 5-6 2015—2022 年长三角高新区注册企业数量增长率

表 5-4 展示了 2014—2022 年长三角地区高新区注册企业数量占全国比重的变化情况。从数据可以看出,2014 年长三角高新区注册企业数占全国的 23%,到了 2022 年则达到了 29%,将近 4 家企业中就有一家是长三角高新区的企业,长三角对中国高新区发展的贡献显而易见。分地区而言,江苏在整个观察期内占全国比重最高,注册企业数量占全国比重保持在 7% 以上,并且持续快速增长,特别是最近两年的占比都超过了 16%。其他 3 个省市的占比数据波动不大,上海占比数据保持在 3% 左右,浙江和安徽的这个数据分别是 5%~8% 和 1%~3%。

表 5-4 2014—2022 年长三角高新区注册企业数量占全国比重

地区	2014 年	2015 年	2016 年	2017 年	2018 年	2019 年	2020 年	2021 年	2022 年
上海	4%	3%	3%	2%	2%	2%	3%	3%	3%
江苏	13%	12%	11%	14%	13%	13%	16%	17%	16%

（续表）

地区	2014 年	2015 年	2016 年	2017 年	2018 年	2019 年	2020 年	2021 年	2022 年
浙江	5％	7％	6％	6％	7％	8％	7％	7％	7％
安徽	2％	2％	1％	2％	2％	2％	2％	3％	3％
合计	23％	24％	21％	23％	24％	25％	28％	30％	29％

（2）高新技术企业数量。高新技术企业数量通常意味着一个地区的创新能力和科技实力的提升。这些企业往往依赖于技术研发和创新，对科技人才和专业知识的需求较高，相对于"注册企业数量"而言，地区高新技术企业数量更加强调地区在科技领域的发展潜力和吸引力。2014—2022 年长三角高新区内高新技术企业数量见图 5-7。从图 5-7 可以看出，2014—2022 年间，长三角地区高新区的高新技术企业数量呈现良好的增长趋势。分地区来看，江苏和上海的高新区在 2018 年后高新技术企业数量超过 4 000 家，在后续三年快速增长。浙江和安徽两省高新技术企业数量明显不如上海和江苏，浙江高新区高新技术企业数量在 2020 年突破 4 000 家，而安徽高新区高新技术企业数量截至 2022 年刚突破 4 000 家。

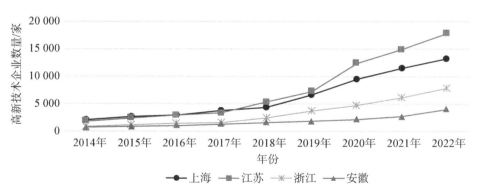

图 5-7 2014—2022 年长三角高新区内高新技术企业数量

图 5-8 则显示了 2015—2022 年间长三角高新区高新技术企业数量增长率的变化趋势。整体来看，各省市的高新技术企业数量在近几年均呈现正增长率。上海的增长率在 2016 年至 2020 年间经历了几次明显的波动，2016 年达到最低点，只有约 11％，2019 年增长率反弹到 51％，并超越全国增长率近三年的增长率已经出现逐步下降的趋势。江苏的增长率波动十分明显，在 2018 年

和 2020 年间表现突出,分别达到 60% 和 70%,2022 年回落到 20%。浙江的增长率在近几年波动程度也比较大,但略好于江苏。在 2018 年表现出快速增长,达到 52%,而后增长率回调,近 3 年稳定在 30% 上下。安徽的增长率在总体上波动较小,相较于其他省市而言的增长率水平也较低,2022 年增长迅速。

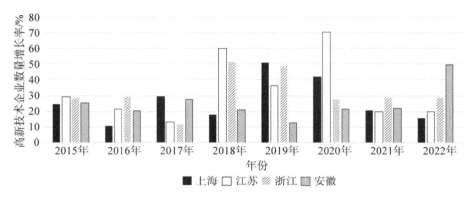

图 5-8 2015—2022 年长三角高新区内高新技术企业数量增长率

表 5-5 展示了 2014—2022 年长三角地区高新区高新技术企业数量占全国比重的变化情况。2014 年,长三角地区高新技术企业占全国 22%,到了 2022 年则达到了 31%,超过了 1/4,即:在全国不到 4 家高新技术企业中,就有一家来自长三角地区,可见长三角地区对投资者的吸引力之强。分地区而言,上海高新技术企业数量占全国比重保持在 7%～10%。江苏高新技术企业数量占全国比重从 2014 年的 8% 增长至 2022 年的 13%。浙江和安徽的这个数据分别为 4% 左右和 2% 左右,说明长三角高新技术企业增长的贡献主要来自江苏和上海。

表 5-5 2014—2022 年长三角高新区内高新技术企业数量占全国比重

地区	2014 年	2015 年	2016 年	2017 年	2018 年	2019 年	2020 年	2021 年	2022 年
上海	9%	8%	7%	8%	7%	8%	10%	10%	10%
江苏	8%	8%	8%	7%	8%	9%	12%	13%	13%
浙江	4%	4%	4%	3%	4%	5%	5%	5%	6%

（续表）

地区	2014 年	2015 年	2016 年	2017 年	2018 年	2019 年	2020 年	2021 年	2022 年
安徽	3%	3%	3%	3%	3%	2%	2%	2%	3%
合计	22%	23%	22%	21%	22%	24%	29%	31%	31%

5.1.3 创新能力分析

长三角高新区的科技创新能力是其推动区域经济发展的核心竞争力。通过对研发投入、创新人力资源等方面的数据分析,可以全面了解长三角高新区在科技创新方面的表现和成就。研发投入是衡量科技创新能力的重要指标之一,长三角高新区在研发投入方面表现突出,整体研发经费投入保持持续增长态势。

(1) 研发投入。研发投入是企业提高自身核心竞争力和创新能力的重要手段之一,这个数据的变化能够直观反映地区的科研创新能力。2014—2022年长三角地区高新区 R&D 经费见图 5-9。由图 5-9 可以看到,2015 年,长三角地区各省市研发(R&D)经费水平比较接近,多集中在 100 亿～300 亿元范围内,随后各省市间的研发经费开始出现不同的变化。上海高新区研发经费的初始水平最高,但是在 2015 年突破 400 亿元之后便一直保持在该水平,2019年出现小幅下降后,在 2020 年开始增加,突破 600 亿元。在这期间,江苏高新区在研发投入上开始发力,在 2018 年突破 600 亿元水平,并持续不断加大研发投入。浙江和安徽的初始研发经费均未超过 200 亿元,经历了 8 年的发展后,浙江研发经费逐步接近上海,但是安徽增长幅度并不明显。

图 5-9 2014—2022 年长三角高新区 R&D 经费

图 5 - 10 展示了 2015—2022 年间长三角高新区高新技术研发经费增长率的变化趋势。整体来看,江苏和浙江的研发经费均呈现正增长率,上海在 2019 年短暂下降,安徽则在 2021 年出现较大的负增长情况。上海的研发经费增长率在 2015 年有较好的表现,达到 56%。江苏高新区表现出良好的增长态势,2016 年和 2018 年的增长率都超过了 40%。浙江高新区的研发投入增长率有一定程度的波动,但总体呈现比较良好的发展趋势。安徽的增长率波动较大,2020 年安徽高新区的研发投入增长率超过了 35%,但是在 2022 年出现了负增长的情况。

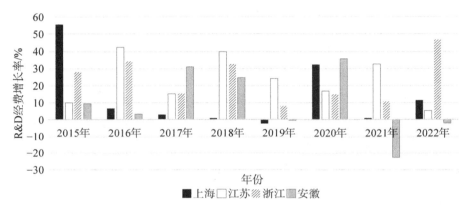

图 5 - 10　2015—2022 年长三角高新区 R&D 经费增长率

表 5 - 6 展示了 2014—2022 年长三角地区高新区研发经费占全国比重的变化。从数据可以看出,2015 年长三角地区 R&D 经费占全国 23%,到了 2022 年达到了 31%,表明长三角地区强劲的发展动力。分地区而言,上海高新区的研发经费占全国比重保持在 6%～10%。江苏高新区的研发经费占全国比重从 2014 年的 8% 增长至 2022 年的 14%。浙江和安徽的这个数据分别在 5% 左右和 3% 左右。

表 5 - 6　2014—2022 年长三角高新区 R&D 经费占全国比重

地区	2014 年	2015 年	2016 年	2017 年	2018 年	2019 年	2020 年	2021 年	2022 年
上海	7%	10%	9%	8%	7%	6%	7%	6%	7%
江苏	8%	7%	9%	9%	10%	12%	12%	14%	14%
浙江	4%	5%	6%	6%	6%	6%	6%	6%	8%
安徽	4%	4%	3%	4%	4%	3%	4%	3%	2%
合计	23%	26%	27%	26%	27%	27%	30%	30%	31%

（2）科技活动人员数量。科技活动人员数量是衡量地区科技人力资源投入重要的指标，反映出科技人力资源投入的力度。2014—2022年长三角地区高新区科技活动人员数量见图5-11。由图5-11可以看到，长三角4个省市的科技活动人员数量长期保持着上海、江苏居前2位，浙江和安徽次之的格局，经历了9年的发展，上海和江苏科技活动人员数量分别超过了64万人和65万人，浙江高新区科技活动人员数量超过40万人，安徽高新区科技活动人员数量较少，2022年科技活动人员数量不及18万人。

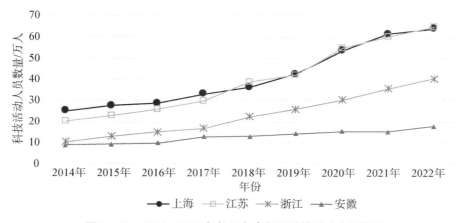

图5-11　2014—2022年长三角高新区科技活动人员数量

图5-12显示了2015—2022年间长三角高新区科技活动人员数量增长率的变化趋势。可以看出，各省市的增长率存在较大波动。上海的增长率在2016年至2020年间经历了几次明显的波动，2016年达到最低点后迅速反弹，2020年增长率显著上升，而后在2022年又有所回落。江苏的增长率在2018年和2020年间表现突出，2022年出现回落。浙江的增长率在2018年达到顶峰，而后逐渐回落并稳定在13%～20%。安徽的增长率明显不及江苏和浙江，在2017年出现32%的增长，在2022年接近于17%增长。

表5-7展示了2014—2022年长三角地区高新区科技活动人员占全国比重的变化情况。从数据可以看出，上海在整个观察期内占全国比重较高，并且占比逐渐增加，从2016年的8%增长到2022年的11%。江苏的占比从2014年的7%逐步提升至2022年的11%，增长幅度明显。浙江的占比也在逐年上升，2022年达到了7%。安徽的占比表现较差，维持在3%左右。

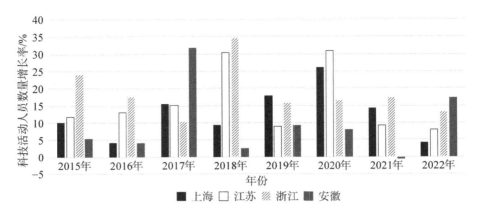

图 5 - 12　2015—2022 年长三角高新区科技活动人员数量增长率

表 5 - 7　2014—2022 年长三角高新区科技活动人员占全国比重

地区	2014 年	2015 年	2016 年	2017 年	2018 年	2019 年	2020 年	2021 年	2022 年
上海	9%	9%	8%	9%	8%	9%	10%	11%	11%
江苏	7%	7%	8%	8%	9%	9%	11%	11%	11%
浙江	4%	4%	4%	4%	5%	6%	6%	6%	7%
安徽	3%	3%	3%	3%	3%	3%	3%	3%	3%
合计	23%	23%	23%	24%	26%	27%	30%	31%	31%

5.1.4　财税情况分析

财政收入是反映一个地区经济效益的重要指标。高新区通过税收和出口创汇为地方经济的发展提供了重要的财力支持。

(1)上缴税费。2014—2022 年长三角地区高新区上缴税费见图 5 - 13。由图 5 - 13 可以看到,2015 年,上海和江苏的税费水平大约是浙江和安徽的 2 倍,随着高新区的发展,2022 年,江苏高新区上缴税费,是长三角 4 个省市中最高的地区,随后是上海,浙江第三位,安徽最少。

图 5 - 14 展示了 2015—2022 年间长三角高新区上缴税费增长率的变化趋势。整体来看,长三角高新区缴税水平增长率波动明显,说明经济发展波动比较大。在 2018 年之前,4 个省市高新区缴税均逐年增长。从 2019 年开始,增长率不仅出现不同程度的下降,上海和江苏在 2019 年出现了负增长,缴税额与

图 5 - 13　2014—2022 年长三角高新区上缴税费

上年度比分别下降了约 6% 和 1%,浙江在 2020 年也出现了负增长,缴税额与上年度比下降 8%。数据表明,2020 年以后,长三角地区高新区发展面临着挑战。

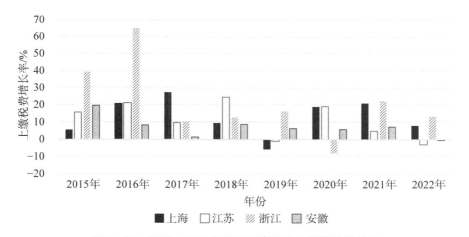

图 5 - 14　2015—2022 年长三角高新区上缴税费增长率

　　表 5 - 8 展示了 2014—2022 年长三角地区高新区上缴税费占全国比重的变化情况。2014 年,长三角地区上缴税费占全国比重为 18%,到了 2022 年这一指标上升到 27%,增长了 9 个百分点,足见长三角地区对我国高新区发展的拉动作用。分地区而言,2022 年江苏占比最高,达到 9%;浙江占比涨幅最大,2022 年占比为 6%,比 2014 年增长 4 个百分点。

表 5-8　2014—2022 年长三角高新区上缴税费占全国比重

地区	2014 年	2015 年	2016 年	2017 年	2018 年	2019 年	2020 年	2021 年	2022 年
上海	6%	5%	6%	7%	7%	7%	8%	8%	8%
江苏	7%	8%	8%	8%	10%	10%	11%	10%	9%
浙江	2%	3%	5%	5%	5%	6%	5%	6%	6%
安徽	3%	4%	4%	3%	3%	4%	4%	4%	3%
合计	18%	20%	23%	23%	25%	25%	28%	28%	27%

（2）出口创汇。出口创汇是评价一个地区对外贸易经济效益的重要指标，不仅体现了地区的出口能力，更反映了其在国际市场上的竞争力和外汇储备的积累能力。2014—2022 年长三角地区高新区出口创汇见图 5-15。由图 5-15 可以看到，各省市高新区的出口创汇水平在 2016 年开始快速发展，其中江苏高新区呈现出非常高的出口创汇水平，2022 年达到约 1.09 万亿元，是其余三省市高新区的 2 倍有余。上海高新区也有较好的出口创汇水平。浙江高新区紧随其后。安徽高新区的在出口创汇方面表现最弱。

图 5-15　2014—2022 年长三角高新区出口创汇

图 5-16 展示的是 2015—2022 年间长三角高新区出口创汇增长率的变化趋势。整体来看，由于 2016 年出口创汇水平过低，所以 4 个省市在 2017 年都具有极高的增长率。具体来看，2018 年后各省市的出口创汇水平几乎都呈现正增长，同时增长率的波动程度也比较大，包括江苏在 2018 增长率达到峰值，该年的增长率接近 47%。上海的增长率在 2018 年出现负数，但是近 4 年数据显示出较大程度的正向发展。浙江的出口创汇增长率是最稳定的，多数年份增

长率超过了全国总量水平的增长率。尽管在绝对水平上，安徽表现不佳，但是在增长率上，安徽在 2017 和 2020 年均超过其他省市。

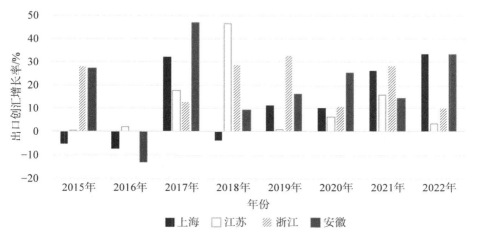

图 5-16　2015—2022 年长三角高新区出口创汇增长率

　　表 5-9 展示了 2014—2022 年长三角地区高新区出口创汇占全国比重的变化情况。从数据可以看出，2014 年长三角地区出口创汇占全国 32%，在这个很高比重上持续增加优势，在 2022 年达到了 37%，可见长三角地区的开放程度及经济外向度之高。具体而言，江苏高新区在整个观察期内占全国比重最高，在 2019 年该占比达到 21%，近三年该数据虽有小幅下降，也至少在 19%。上海、浙江和安徽高新区的占比都比较稳定，分别在 8%、3% 和 3% 左右。在出口创汇方面，长三角地区主要是江苏高新区对全国发展的贡献比较大。

表 5-9　2014—2022 年长三角高新区出口创汇占全国比重

地区	2014 年	2015 年	2016 年	2017 年	2018 年	2019 年	2020 年	2021 年	2022 年
上海	8%	7%	7%	8%	7%	7%	7%	8%	9%
江苏	18%	15%	17%	18%	23%	21%	20%	20%	19%
浙江	3%	4%	4%	4%	5%	6%	6%	6%	6%
安徽	2%	2%	2%	3%	3%	3%	3%	3%	4%
合计	32%	28%	30%	33%	37%	36%	36%	37%	37%

　　通过对长三角高新区在经济总量、企业发展情况、创新能力和财政收入等方面的分析，可以看出这些高新区在经济效益上具有显著优势，尤其是上海和

江苏高新区为区域经济的高质量发展提供了有力支持。未来,继续推动企业发展,优化财政收入结构,将有助于长三角高新区在全球经济竞争中占据更为有利的位置,持续引领区域经济的发展方向。

5.2　长三角高新区的主要特点

长三角高新区的发展经历了从无到有、从小到大的过程,逐渐成为中国高新技术产业的重要集聚区。根据《中国火炬统计年鉴》的数据,自 1988 年中国首批国家级高新区设立以来,长三角地区的高新区数量和规模不断扩大,科技创新能力和经济实力显著提升。1988 年,国家批准设立了首批国家级高新区,长三角地区的上海张江高新区和苏州工业园区成为其中的代表。经过多年的发展,这些高新区在科技创新、产业集聚和经济发展等方面取得了显著成就。进入 21 世纪,长三角高新区进入了快速发展期。随着国家科技创新政策的不断推进,长三角地区的高新区在产业结构调整、科技创新能力提升和区域协同发展等方面取得了重要进展。根据《中国火炬统计年鉴》数据,长三角高新区的经济总量和科技创新能力在全国高新区中处于领先地位。近年来,随着长三角一体化战略的实施,长三角高新区在区域协同发展和产业联动方面取得了新的突破。通过加强区域合作和资源共享,长三角高新区在科技创新、人才引进和产业转型升级等方面取得了显著成效。

例如,苏州工业园区自 1994 年成立以来,通过引进外资、推动自主创新,形成了以纳米技术和智能制造为主的高新技术产业集群。杭州高新区(滨江)则以电子信息和人工智能为主要产业方向,吸引了大量高新技术企业和创新人才,成为区域经济的重要增长极。无锡国家高新技术产业开发区经过 30 多年的发展,成为无锡市的经济增长极、科技创新基地和转型发展引擎,是苏南国家自主创新示范区"8+1"建设框架的重要组成部分,也是江苏省唯一的中央海外高层次人才创新创业基地。

长三角高新区的发展具有以下几个显著特点。

(1)创新资源丰富。长三角地区高校和科研院所众多,为高新区提供了源源不断的科技人才和创新成果。例如,上海拥有复旦大学、上海交通大学等顶尖高校;江苏、浙江、安徽则有南京大学、浙江大学、中国科学技术大学等知名学府。张江高新区以 3 个国家实验室以及 2 个国家实验室上海基地为引领,系统布局高水平创新基地,为产业创新发展提供基础研究支撑。在一流科研机构和大科学设施的支撑下,上海科研团队已攻克取得新路径光刻技术、适用于非人灵长类猕猴的超柔性电极、药物靶标预测算法模型、"书生"通用大模型体系等一批国际领先、面向行业的重要原创成果。合肥高新区拥有中国科学技术大学高新校区和中国科学技术大学先进技术研究院、中科院合肥技术创新工程院等知名高校和重大协同创新平台,聚集了类脑智能国家工程实验室、人工智能研究院、合肥先进计算中心、信息材料与智能感知实验室、天地一体化合肥网络中心、国家健康医疗大数据中心等重大科技基础设施和新型研发机构。

（2）战略新兴产业集聚。高新区内既有传统制造业的转型升级,也有新兴产业的快速发展。例如,上海张江高新区重点发展集成电路、生物医药、人工智能三大先导产业,成为国内产业链最完备、综合技术水平最先进、自主创新能力最强的集成电路产业基地之一;苏州工业园区则以纳米技术和智能制造为主,重点规划、引导和培育生物医药、纳米技术应用、人工智能三大战略性新兴产业,形成创造加快新型工业化的有利条件,经过 17 年深耕细作,如今园区三大新兴产业发展基础扎实,布局完善。合肥高新区在新一代人工智能、量子信息等前沿技术、颠覆性技术和产业化方面取得重大突破,科大讯飞入选首批四大国家 AI 开放创新平台,安徽省科技创新"一号工程"量子信息与量子科技创新研究院加速建设,形成了"中国声谷量子中心"的园区品牌。

（3）管理模式多元。各高新区在管理模式和运营机制上存在差异。总体来看,有政府管理模式、政府＋公司管理模式、公司管理模式。政府管理模式,例如"合肥高新区""杭州高新区";合肥国家高新技术产业开发区管理委员会是合肥市政府派出机构,杭州高新区管委会即杭州市滨江区人民政府。有"政府＋公司"管理模式,例如苏州工业园区,是中国和新加坡两国政府间的重要合作项目,还有公司管理模式,例如紫竹高新区（具体见表 5 - 10）。

表 5 - 10　高新区管理模式主要类型案例

管理模式类型	案例	概　　况
政府管理模式	合肥高新区、杭州高新区	合肥高新区管理委员会,是合肥市政府派出机构,下设投资促进局、财政局、市场监督局等;拥有半导体投资促进中心、城市管理行政执法大队等直属机构;杭州高新区管委会,即杭州市滨江区人民政府,包括区人大、区政府、区政协等部门,推进杭州高新区发展

管理模式类型	案例	概　况
政府＋公司管理模式	苏州工业园区	中国和新加坡两国政府间的重要合作项目,采用"管委会＋中新苏州工业园区开发集团股份有限公司(CSSD)"模式,前者负责在辖区内行使经济和社会综合管理权限,后者作为负责园区内的基础设施建设、招商引资、物业管理等开发事项,按现代企业制度和市场经济原则运作
公司管理模式	紫竹高新区	紫竹高新区由政府、民营企业和大学共建,中国唯一一家以民营经济为主体运作的国家高新区。上海紫竹高新区(集团)有限公司(以下简称紫竹公司)是高新区开发主体,注册资本 25 亿元,由闵行区政府、上海交通大学、紫江集团、上海联和投资公司等 7 家单位共同投资组建,其中,民营企业上海紫江集团和紫江企业集团各占股 50.25% 和 4.75%。紫竹公司负责高新区总体规划、土地征用、开发建设、招商引资、运营服务等工作,总体上形成"政府搭台、企业唱戏、市场运作"的发展模式

　　（4）政策支持力度大。国家和地方政府高度重视长三角高新区的发展,出台了一系列支持政策和措施,为高新区的发展提供了坚实的制度保障。2022年 9 月 15 日,沪苏浙两省一市联合印发《关于进一步支持长三角生态绿色一体化发展示范区高质量发展的若干政策措施》,这是两省一市深入推进长三角一体化发展国家战略、在省级政府层面合力支持推动一体化示范区建设的又一重大政策举措;2023 年 7 月 31 日,全国首个跨省域高新技术产业开发区——长三角生态绿色一体化发展示范区跨省域高新技术产业开发区正式揭牌成立,着力构建区域一体化的现代化产业体系,为长三角乃至全国高质量发展提供支撑和示范。

　　（5）区域协同发展。长三角高新区通过区域协同和资源共享,形成了较为完善的创新生态系统,推动了区域经济的一体化发展。例如张江高新区子园之一漕河泾新兴技术开发区海宁分区成立于 2009 年 9 月,总规划面积 14.71 平方公里,为沪浙两地首个跨区域合作园区项目;张江高新区静安分园中的市北高新区,在南通市建设"上海市北高新(南通)科技城",搭建"上海孵化、南通转化"的产业发展路径。长三角生态绿色一体化发展示范区跨省域高新技术产业开发区正式揭牌成立,建设全国首个跨省域高新区,示范区高新区占地面积

19.54平方公里,分布在上海青浦、江苏吴江、浙江嘉善三地,重点发展数字产业、智能制造、绿色新材料三大战略性新兴产业和总部经济、绿色科创服务两大特色产业,形成"3+2"的主导产业发展格局。

5.3 高新区发展思路与建议

以习近平新时代中国特色社会主义思想为指导,牢牢把握"四个放在""四个面向"要求,坚持科技是第一生产力、人才是第一资源、创新是第一动力,着力强化全过程创新、促进全链条加速、激发全社会活力,立足科创中心重要承载区和长三角重要科创节点建设,坚持使命导向、问题导向、目标导向,以园区管理服务体制机制创新为保障,着力优化创新空间,完善院地、校地合作机制,打造高质量孵化载体,壮大优势产业领先优势,培育未来新兴产业,形成具有全球竞争力的开放创新生态。

不同高新区发展,具有一定的差异性,需要充分考虑区位条件、资源禀赋、历史背景差异,明确未来发展导向。需要考虑的差异因素包括:区位条件的差异。高新区的地理位置和交通条件对其发展有重要影响。上海和苏州位于长三角核心区域,交通便捷,经济基础雄厚,吸引了大量的高新技术企业和人才;而一些内陆地区的高新区,可能在区位条件上不具备同样的优势。资源禀赋的差异指各高新区在自然资源、科技资源和人才资源等方面的禀赋存在差异。例如,上海拥有众多顶尖高校和科研院所,创新资源丰富;而一些其他高新区可能在科技资源和人才储备上相对不足,影响了其科技创新和产业发展能力。历史发展背景的差异指不同高新区的设立时间和发展历程各异,早期设立的高新区往往具备更成熟的发展模式和管理经验。例如,上海张江高新区和苏州工业园区在高新区设立初期即获得了大量的政策和资金支持,积累了丰富的发展经验;而一些后设立的高新区,可能在发展模式和管理机制上仍需探索和完善。

高新区发展在充分考虑差异性的基础上,要着重推进以下4个方面工作:

(1)坚持面向前沿,重点突破。围绕所在区域创新战略和建设世界领先科技园区的目标,加快布局技术新领域、产业新赛道,制定具有系统性、前瞻性、针对性的发展规划,着力增强创新策源能力,激发高质量发展"新引擎"。

(2)坚持特色凸显,打造标杆。聚焦发展优势特色,构建特色产业集群,充分发挥高校院所资源优势,形成院地合作、校地合作建设标杆区域,打造高质量孵化载体,形成顺畅高效的产学研金服用机制,打造品牌园区。

(3)坚持强化主体,协同创新。围绕国家战略布局和区域创新战略定位,强化企业创新主体地位,发挥高校科研机构集聚增效作用,提升自主创新能力,加快突破共性关键技术。推动产学研用深度融合、协同创新,不断优化产业创新创业发展环境。

(4)坚持要素融合,优化生态。坚持促进政策、人才、资本、服务等全要素联动,围绕突出问题,精准施策,补齐短板。推动重点环节、关键领域政策先行先试,激发产业发展的活力与动力。

第 6 章

长三角技术市场区域比较分析

技术要素市场是驱动区域创新发展的关键要素,对于推动长三角国家战略实现具有重要意义。本章基于技术合同数据,通过 10 年数据分析以及与京津冀、粤港澳区域的比较,分析长三角技术市场的特点与不足,从而为长三角实现高质量发展提供参考借鉴。

6.1 发展形势与研究跟踪

技术要素市场对于完善社会主义市场经济体制、推进现代化经济体系建设具有重要作用,是推动区域创新发展的关键因素。技术市场在众多要素市场的"队列"中具有先导性,发挥着其他要素市场无法替代的关键性作用(郭曼、张木,2021)。技术要素市场为提高我国经济的全球竞争力、促进经济的结构性调整发挥了重要的支撑作用(陈彦斌等,2020)。发掘技术市场的发展潜力,对提升区域与国家的科技实力,具有重大的战略意义(夏凡、冯华,2020)。学术界相关研究主要包括:我国及地方技术市场发展特点相关研究、技术市场对于地区发展的推动效率研究、技术要素市场建设改革与对策研究以及相关交易平台案例方面。

在我国及地方技术市场发展特点研究方面,蒋芬(2016)分析了中国技术市场发展经历了萌芽、形成、发展、迅速发展、混合发展 5 个阶段及主要特征。姜慧敏和崔颖(2018)以技术合同成交额为研究指标,分析我国技术交易发展态势,并具体分析了 30 个省份的技术交易情况。周正柱等(2020)概述了一体化发展背景下长三角技术市场发展历程,分析了长三角区域技术市场呈现 5 大特征,并提出对策举措。邓媚等(2020)分析了广东省技术合同交易相关数据,发现当前广东省技术市场发展,发现问题与特点,并提出对策。常林朝等(2019)

对河南技术市场进行分析。

围绕技术市场对区域创新的具体影响力测度方面,赵志娟等(2015)就技术市场对区域创新能力的影响力和影响途径进行检验。夏凡等(2020)使用混合效应假设下的 Bootstrap 方法与随机/固定效应假设下的逐步回归方法,系统检验技术市场规模通过创新投入影响区域技术进步的中介效应。周俊亭(2021)以省级技术合同成交总额衡量区域技术市场的发展规模,研究了区域技术市场、政府扶持对于科技创新的影响。

在技术要素市场功能建设、改革政策方面,于磊等(2014)提出技术市场具有 4 个功能:要素流通功能、创新激励功能、资源配置功能、价格发现功能。谢富纪(2020)提出了全国技术市场构建与发展的思路及其运行的行为约束机制、中介组织机制、市场监管机制等。朱雪忠(2020)借由政策文献量化分析的方法论指导,对大量技术市场政策文献进行筛选整理,回顾中国技术市场政策过程的变迁。郑珂等(2022)提出我国技术市场功能发挥、要素市场协同方面的突出问题,从丰富内涵、优化服务、深化改革等角度提出建议。朱常海(2022)提出要实现技术要素的市场化改革,主要有所有权转移、使用权转移、科技成果转化、市场功能提升 4 个方面任务。

在技术交易平台案例研究方面,谢阳群、魏建良等(2007)通过分析国外网上技术市场,归纳出技术市场的 6 种运营模式。李妃养等(2018)分析了国际知名、国内典型技术交易平台的模式、特征及存在问题。倪渊(2022)以双边市场为理论基础,构建了不同视角下技术交易一站式服务平台采用同质化定价模式时的定价模型。

2022 年 9 月,中国科技部印发《“十四五”技术要素市场专项规划》,提出“十四五”期间,技术交易规模持续扩大,互通的技术要素交易网络基本建成。中国科技部火炬中心数据显示,2022 年底,全国共登记技术合同 77.25 万项,成交金额 47 791.02 亿元,分别比上年增长 15.2% 和 28.2%。长三角是我国技术交易最为活跃的区域之一,2022 年长三角技术合同成交额达 13 351.22 亿元,约占全国的 28%,同比增长 39.55%。长三角技术要素市场发展是助推长三角区域国家战略实现的重要支撑,在推进产业结构调整、促进区域创新发展方面具有重要作用。因此,有必要对长三角区域技术市场进行综合对比分析,通过与京津冀、粤港澳区域的比较,进一步分析发展特点与面临挑战,以供决策参考。

6.2　长三角区域技术市场发展特征

6.2.1　长三角技术市场相关政策跟踪

　　长三角三省一市紧跟国家战略部署,制定改革试点相关政策,推进技术要素市场发展。2021 年 6 月,上海市政府办公厅印发《上海市促进科技成果转移转化行动方案(2021—2023)》(简称《方案》),提出"提升技术要素市场化配置能力",体现上海对技术要素作用及赋能其他要素方面的重视,同时《方案》增加了对交易场所的支持,并鼓励各类技术市场要素进场交易。2024 年 9 月,上海市政府办公厅印发《上海市促进科技成果转移转化行动方案(2024—2027 年)》,对上一个三年行动方案进行"再升级",其中明确提出"培育长三角一体化技术要素市场,建设全球技术交易服务网络。"浙江省更加注重推进网上技术市场发展,体现出浙江省依托网络资源优势的特点。2021 年 12 月,《浙江省推进技术要素市场化配置改革行动方案》正式印发,提出浙江到 2025 年技术要素市场体系更加健全,基本建立功能完备、运行高效、互联互通的现代技术市场,成为具有全球影响力的国家技术转移体系枢纽节点。安徽省注重应用示范场景建设,推进具有显示度的技术要素市场建设。2022 年 12 月,《关于加快安徽科技大市场建设的实施意见》发布,提出要发挥安徽创新馆"总枢纽、主节点"作用,推进安徽技术要素市场建设。2023 年 6 月,安徽省科技厅印发《加快场景创新构建全省应用场景一体化大市场行动方案(2023—2025 年)》,提出要将安徽创新馆打造成科技成果展示交易"枢纽平台"。2021 年 4 月,江苏省发布了《关于构建更加完善的要素市场化配置体制机制的实施意见》,文件分 9 个部分,共 30 条政策措施,其中针对技术市场供需错配的问题,提出要加快发展技术要素市场,高效推动技术要素向现实生产力转化。总体而言,长三角三省一市一方面积极贯彻落实国家战略,另一方面也充分结合地区发展优势特点,制定出台更加具有区域特点的政策举措。

6.2.2　长三角技术市场发展态势分析

　　技术合同是技术交易的体现形式,为了促进技术交易、鼓励技术商品化并在技术市场中流动,我国实行技术合同制度。以技术合同数据为指标,对比分析长三角、京津冀、粤港澳区域技术市场发展态势。数据采集时间为 2009 年至 2022 年,数据来源于《中国科技统计年鉴》《全国技术市场统计年度报告》、国家统计局官网等。其中粤港澳区域中因为香港、澳门暂无历史数据,且相应数据量较小,因此以广东省技术合同数据为主。

（1）长三角技术市场总体发展态势。从交易合同数量来看,长三角首次于 2018 年实现对京津冀地区的反超。2022 年长三角地区技术合同数近 20 万件,较京津冀高出约 7.71 万件,约占全国的 1/4;从合同成交金额来看,长三角首次于 2021 年实现对京津冀地区的反超。2022 年长三角技术合同成交金额达到 13 351.22 亿元,较京津冀高出 2 717.47 亿元,同比增长达 39.55％。具体表现为以下特征。

第一,技术市场成为推进经济发展的重要驱动力量。如图 6-1 所示,2009 年以来,长三角技术合同金额持续上升,且相当于长三角 GDP 比重也呈现上升趋势,尤其是 2018 年以来,增长速度更快。2022 年,长三角技术合同金额占 GDP 比重达到 4.6％,较 2017 年(1.16％)增长近 3 倍。技术合同是高质量技术服务业的重要表征,技术市场的快速发展为科技成果价值发现、创新活力释放提供了重要动力。

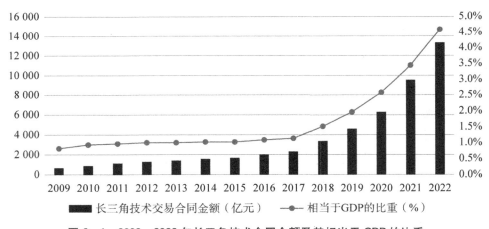

图 6-1 2009—2022 年长三角技术合同金额及其相当于 GDP 的比重

第二,在全国的交易地位更加凸显。如图 6-2 所示,2009 年以来,长三角地区技术吸纳和技术输出合同数量和合同金额均稳步增长,技术吸纳和技术输出合同数量占全国的比重基本保持在 25％,长三角技术吸纳和技术输出合同

金额占全国的比重呈上升趋势。2022 年长三角技术合同输出金额占全国的
25.48%,比 2009 年上升了 5%;技术合同吸纳金额占全国的 26.84%,比 2009
年上升了 10%。

图 6-2 长三角技术吸纳及技术输出合同金额和合同数占全国比重

(2) 长三角三省一市技术市场发展特点。长三角三省一市在全国技术交
易中的地位呈现差异化特点。如表 6-1 所示,2022 年,安徽技术合同成交金
额为 2 912.63 亿元,自 2017 年以来第一次超过浙江。浙江技术合同成交金额
为 2 546.50 亿元,较 2021 年增长了超过 500 亿元,位居全国第 9 位,但总量上
仍与上海、江苏有较大差距。

表 6-1 2022 年长三角地区三省一市技术合同交易成交金额与排名

地区	技术合同交易成交金额/亿元	技术合同交易全国排名	技术合同交易排名比上年度情况	2022GDP全国排名
江苏	3 888.58	4	不变	2
上海	4 003.51	3	上不变	11
浙江	2 546.50	9	上升 1 位	4
安徽	2 912.63	8	下降 1 位	10

上海技术合同质量较高,技术输出大于技术吸纳,科创中心辐射功能显现。
2009 年以来,除个别年份外,上海技术合同均价均超过其他三省,2022 年,上海
市技术交易均价为 1 046.26 亿元,约为江苏和浙江的 2 倍。如图 6-3 所示,上
海历年技术输出金额均高于技术吸纳金额,尤其是 2021、2022 年,上海技术输
出合同金额增长显著,2022 年,上海技术输出合同金额为 3 882.13,约为技术

吸纳金额的 2 倍,比上年提高了 52.51%。

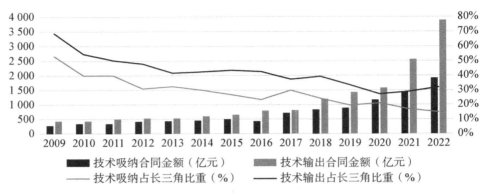

图 6-3　2009—2022 年上海市吸纳和技术输出合同金额及占长三角的比重

江苏技术市场交易活跃,技术吸纳能力持续强劲。如图 6-4 所示,2009 年以来,江苏技术合同成交数量呈逐年递增趋势,占长三角的比重也呈波动式上升态势。技术合同数量和占长三角的比重远超其他三地,2022 年,江苏合同成交数量为 8.74 万项,超过上海、浙江的 2 倍,约是安徽的 3 倍。江苏整体呈现出技术吸纳更为强劲的特点,尤其是 2022 年,技术吸纳金额比技术输出高出 71.60%。技术吸纳能力强劲,表明江苏产业在技术应用方面更强,产业创新发展能力更加凸显。

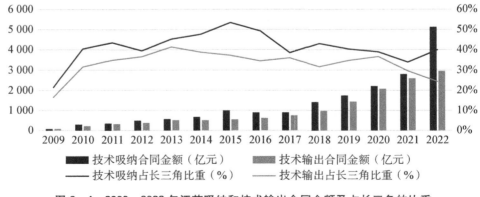

图 6-4　2009—2022 年江苏吸纳和技术输出合同金额及占长三角的比重

浙江交易规模快速增长,技术吸纳功能更强。如图 6-5 所示,2009 年以来,浙江技术合同数量和合同金额持续增长。2022 年浙江技术合同数量为

4.36 万项,较 2009 年提高了 2 倍,技术合同金额为 2 546.5 亿元,较 2009 年提高了 44 倍。从技术吸纳和技术输出合同金额看,2015—2020 年,浙江技术吸纳合同金额占长三角的由 10.64% 上升至近 27.59%,技术输出合同金额占长三角的比重由 6.43% 上升至 24.47%,2021—2022 年,两者皆有所回落。

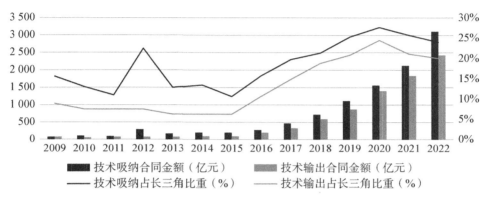

图 6-5 2009—2022 年浙江技术吸纳和技术输出合同金额及占长三角的比重

安徽技术市场质量与规模齐升,技术输出反超技术吸纳。2020 年以来,安徽技术交易市场表现亮眼,技术合同交易金额约增长 3 倍。2022 年,技术合同金额为 2 912.63 亿元,自 2017 年以来首次超过浙江,单笔技术合同金额为 950.91 万元,仅次于上海。2022 年,安徽技术输出合同金额为 2 875.45 亿元,较技术吸纳合同金额高出约 200 亿元,实现了自 2017 年之后首次反超,表明安徽对外技术辐射能力开始显现,如图 6-6 所示。

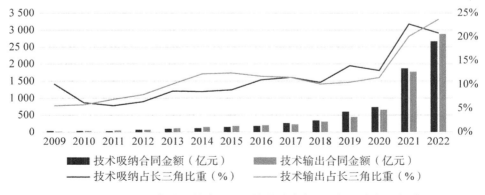

图 6-6 2009—2022 年安徽技术吸纳和技术输出合同金额及占长三角的比重

6.3 长三角技术市场的优势与挑战

综合来看,三大区域技术市场加快发展,技术交易总量占到全国半壁江山。2022年,京津冀、长三角、粤港澳区域技术合同数量达到37.1万项,占全国比重约为48%,较2013年翻了一倍;技术合同金额28 510.3亿元,占全国比重约60%,较2013年增长了4.5倍。对比国内三大区域,可以发现长三角技术市场呈现4个方面优势和3个方面挑战。

6.3.1 长三角技术市场优势

数据显示,与京津冀、粤港澳两地相比,长三角区域技术市场具有规模更大、国际化优势更加凸显的特征,特别是2018年长三角一体化上升为国家战略以来,技术市场规模快速上升,区域技术策源优势进一步凸显。

(1) 长三角区域技术市场规模更大。技术合同数量和成交金额均居三大区域首位。全国占比均超过1/4,是三大区域中技术合同金额全国占比增长最多的区域。2022年,长三角技术合同成交额约为京津冀地区的1.26倍;技术合同数量约20万件,约为京津冀地区的1.63倍。从全国占比情况看,2022年长三角区域技术合同金额占全国的比重较2013年增长了8.9%,是三大区域中技术合同金额占全国的比重增长最高的区域(京津冀区域下降了20.4%,粤港澳区域增长2.3%(具体见图6-7)。

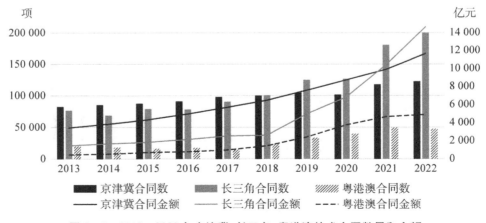

图6-7 2013—2022年京津冀、长三角、粤港澳技术合同数量和金额

（2）长三角技术市场增幅更快。如表 6-2 所示，从规模增速来看，长三角区域增幅更快，粤港澳其次，京津冀增幅最慢。2013—2022 年，长三角、粤港澳和京津冀的技术合同成交金额年均增幅分别为 84.1%、74.5% 和 23.4%，技术合同数量年均增幅分别为 16.0%、13.6% 和 4.8%。2018 年长三角一体化国家战略实施以来，长三角区域技术市场规模显著扩大。2013—2018 年长三角技术合同金额年均增幅为 14.6%，合同数量年均增幅为 6.3%；2019—2022 年技术合同金额年均增幅为 62.9%，合同数量年均增幅达到 20.1%。

表 6-2　2022 年京津冀、长三角、粤港澳技术合同数量和金额情况

地区	合同数			合同金额		
	数量/万项	占全国的比重/%	较2013年增幅/%	金额/亿元	占全国的比重/%	较2013年增幅/%
三大区域合计	37.1	48.0	106.1	28 510.3	59.7	454.9
京津冀	12.3	15.9	48.4	10 633.7	22.3	234.0
长三角	20.0	25.9	160.4	13 351.2	27.9	841.1
粤港澳	4.8	6.2	136.3	4 525.4	9.5	744.8

（3）长三角区域国际化优势更为凸显。如图 6-8 所示，长三角区域是我国技术引进的主要区域，全国占比约为半壁江山，2021 年国外技术引进合同数

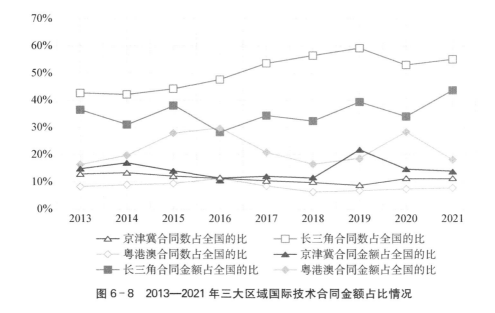

图 6-8　2013—2021 年三大区域国际技术合同金额占比情况

量和合同金额全国占比约为 1/2 和 2/5,比十年前(2013 年)分别提高了 12.5、7.2 个百分点。2021 年,长三角引进国际技术 3 327 项,约为京津冀区域的 5 倍、粤港澳区域的 8 倍,占全国的比重为 55.24%。从国际技术引进合同金额看,除 2016 年长三角引进国际技术合同金额略低于粤港澳外,其他年份均高于京津冀和粤港澳。2021 年,长三角引进国际技术合同金额 161.1 亿美元,约为京津冀区域的 3 倍、粤港澳区域的 2.5 倍,占全国的比重为 43.9%。

(4)长三角区域技术市场的"技术"成分更高。技术交易额是指从合同成交金额中扣除购置设备、仪器、零部件、原材料等非技术性费用后的剩余金额,技术交易额更能体现合同中的"技术内涵"。长三角技术交易额占全部技术合同金额比重最高。从发展趋势来看,三地及全国技术交易金额占比均呈现下滑趋势,长三角区域表现最好,2022 年仍然占比约为 68.33%;粤港澳地区下降趋势明显,低于全国均值;京津冀地区呈现略微下降趋势,2022 年为 68.18%。

6.3.2　长三角技术市场面临挑战

综合来看,长三角区域技术市场对经济的贡献度有待增强,技术辐射功能仍然有待强化,合同单价亦有待提升,技术市场活跃度仍有提升空间,跨区域技术流通仍存在阻碍。

(1)长三角地区技术市场对经济的支撑力度有待提升。如图 6 - 9 所示,10 年间三大区域技术合同金额相当于 GDP 比重均呈上升趋势,表明 3 个区域技术市场带动作用均逐步提升。比较来看,京津冀地区水平遥遥领先,2022 年

图 6 - 9　2013—2022 年三大区域技术合同金额相当于 GDP 的比重

技术合同金额占 GDP 比重约为 10.6%,是全国均值 4.0% 的 2.5 倍;长三角地区为 4.6%,略高于全国均值,但仍不到京津冀地区的 1/2 水平。

(2) 长三角地区技术辐射功能依然有待增强。长期以来,长三角地区技术输出合同与技术吸纳合同金额基本均衡,2022 年技术输出金额略低于技术吸纳金额,两者之比约为 0.95。相比而言,京津冀地区输出吸纳之比达到 1.7,长三角地区的技术辐射功能相对而言仍待增强。京津冀表现出较强的创新策源功能,技术吸纳金额虽然增幅较大,但技术输出成交金额仍远高于技术吸纳,显示出较强新策源功能。2022 年,京津冀技术输出合同成交金额超过 1 万亿元,比技术吸纳高 4 373.6 亿元,较 2013 年增长 2.4 倍;技术吸纳合同成交金额为 6 228.5 亿元,较 2013 年增长 3.8 倍(见表 6-3)。

表 6-3　2022 年三大区域技术合同输出与吸纳情况

区域	合同数/件			成交额/亿元		
	输出技术	吸纳技术	输出/吸纳	输出技术	吸纳技术	输出/吸纳
京津冀	122 568	97 925	1.25	10 602.2	6 228.6	1.70
长三角	198 440	204 571	0.97	12 179.4	12 825.6	0.95
粤港澳	46 494	78 818	0.59	3 967.5	5 354.4	0.74
三大区域合计	367 502	381 314	0.96	26 749.1	24 408.6	1.10

(3) 长三角技术合同"均价"仍有待提高。如图 6-10 所示,单笔技术合同均价方面,粤港澳地区居三大区域之首,长三角地区略高于全国均值。长三角

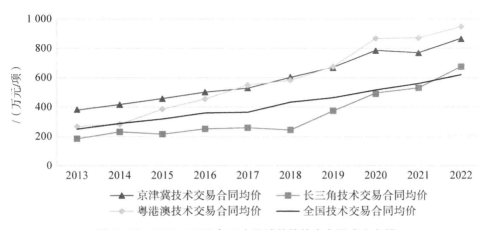

图 6-10　2013—2022 年三大区域单笔技术合同成交金额

单笔技术合同金额较低,与其他两区域有较大差距。2019 年以来,粤港澳区域单笔技术合同金额反超京津冀区域,位居三大区域之首。2022 年,粤港澳单笔技术交易金额为 944.9 万元/件,分别是京津冀、长三角的 1.1 倍、1.4 倍。长三角地区近年来单笔技术合同金额逐步上升,2022 年首次超过全国均值。

6.4 结论与政策建议

6.4.1 结论

综合来看,长三角地区技术市场近十年来发展趋势较好,特别是 2018 年长三角一体化国家战略实施以来,三省一市技术市场更加融合,交易金额、交易数量均大幅提升。但面向国家战略需求,从横向比较看,长三角依然存在挑战,特别是一体化发展仍面临着要素跨区域流动阻碍、国际化的综合实力仍待提升等问题。例如,虽然长三角区域国际技术引进合同全国占比上升,但合同数量呈下降趋势,由 2013 年的 5 312 件下降至 2022 年的 3 327 件,合同金额呈现持续波动。

京津冀、粤港澳均注重跨区域技术市场建设,2023 年 6 月《京津冀区域市场一体化建设举措》印发,提出要打造统一的要素和资源市场,建立京津冀技术要素市场合作机制;《粤港澳大湾区发展规划纲要》中也明确提出构建开放型区域协同创新共同体。长三角区域更加具备达到一体化技术大市场的基础条件,特别是当前国际形势背景下,长三角地区更应当勇担重任,发挥示范引领作用。

6.4.2 政策建议

综合上述分析,基于长三角区域技术市场短板与特点,建议长三角应当加大区域技术市场建设,依托区域雄厚的产业基础和创新实力,坚持国际视野,率先在全国打造具有示范和引领作用的区域技术大市场,推进技术市场标准化、一体化建设,推进技术要素管理体系的互联互通,建设具有标杆意义的"重点轴带和重点区域",同时进一步抓住人才核心要素,加快专业技术市场人才培养。

(1)坚持国际视野,发挥上海龙头作用,依托长三角比较优势,合力打造全球技术交易枢纽。加大对技术进出口主体的跟踪调研,进一步扩大技术进出口规模,规范技术进出口流程,加快探索跨境技术交易结算体系。加快培育专业化、国际化的技术交易服务机构，推进技术交易、知识产权、资本基金的对接，打造"知识＋资本＋交易"的融通发展模式。进一步巩固上海技术辐射功能，发挥龙头带动作用，打造区域技术市场交易枢纽。上海近年来技术市场发展态势良好，基于科创中心、创新策源功能的打造，对长三角腹地的技术辐射功能已经逐步凸显。应当进一步巩固上海技术要素枢纽地位，匹配"金融＋技术"的功能，形成区域引领和交易枢纽功能。充分发挥市场主体的能动性，以市场带动技术供需匹配，加速现代化技术要素市场，助推科技成果转移转化。

（2）构建长三角技术要素市场网络，打造互联互通的技术交易网络。发挥各省市技术创新发展优势，聚焦创新策源能力提升，加快创新要素有序流动，推动长三角地区区域创新协同发展。提高创新资源配置效率，增强市场的流动性和活跃度，实现技术交易信息互通，提升技术交易资源匹配效率和精准度，促进跨区域技术资源流通，为科技成果转移转化提质增效。

（3）三省一市加快技术数据互动，搭建数据共享平台。目前技术合同登记以"乙方"登记为主，各地仅能掌握技术输出的具体数据，例如上海能够掌握技术输出合同类型、输出地区，但不掌握外省市输入到上海的技术合同，不利于全面了解技术合作领域动向。建议在长三角一体化示范区等相关区域，建立技术合同数据的共享平台，依托上海技术交易所等具有国家资质的专业服务机构开展技术数据资源的发掘，促进区域一体化成果的呈现。

（4）注重跨域联动，打造若干示范试点区域品牌。聚焦重点轴带区域，破除技术要素跨区域流动壁垒，构建区域一体化技术要素大市场，打造"两轴、两圈"技术市场一体化发展空间格局。沿着G60科创走廊、沪宁合杭甬创新带两条发展轴，推进技术要素、技术数据互联互通；在青吴嘉、嘉昆太打造"技术市场一体化创新生态圈"，加快试点技术市场标准体系建设，围绕技术成果评定、资本对接、成果转化、企业孵化、园区落地等形成完整服务链条，以"点线"结合方式，高效率推进技术要素扩散，带动长三角区域产业高质量发展。

（5）注重专业化人才队伍的培养。人才市场一体化是长三角区域经济一体化的关键，是促进长三角区域技术市场高质量发展的重要推动力。坚持科技、教育、人才一体化发展，规范技术经理、技术经纪人的人才标准，建立规范的跨界人才培训体系。人才是第一资源，国家大力提倡技术经理、技术经纪人培养，但是目前仍然缺少规范的培训体系和人才标准，不利于人才培养。建议三省一市共商人才培养标准，开展定期培训、交流活动，打造专业复合型的人才队伍。

长三角教育科技人才"三位一体"融合培育模式

党的二十大报告提出,教育、科技、人才是全面建设社会主义现代化国家的基础性、战略性支撑,推进教育、科技、人才"三位一体"统筹发展,是加快推进区域创新高质量发展的重要动力。科技创新靠人才,人才培养靠教育,教育、科技、人才内在一致、相互支撑,加快培养创新型人才队伍。科技人才培训赋能科技人才,是教育科技人才一体化发展的重要形式。本章对长三角区域面向科技人才培训的案例进行解析,提炼培育模式,以供参考。

7.1 研究背景

7.1.1 国家层面战略部署

党的二十大报告首次把科教兴国、人才强国、创新驱动发展三大战略放在一起集中论述、系统部署,提出"教育、科技、人才是全面建设社会主义现代化国家的基础性、战略性支撑。必须坚持科技是第一生产力、人才是第一资源、创新是第一动力,深入实施科教兴国战略、人才强国战略、创新驱动发展战略,开辟发展新领域新赛道,不断塑造发展新动能新优势。"党的二十届三中全会审议通过的《中共中央关于进一步全面深化改革、推进中国式现代化的决定》提出:"教育、科技、人才是中国式现代化的基础性、战略性支撑,对深化教育科技人才体制机制一体改革做出了重要部署。

2024年6月24日,习近平在全国科技大会、国家科学技术奖励大会、两院院士大会上的讲话提出要一体推进教育科技人才事业发展,构筑人才竞争优势。科技创新靠人才,人才培养靠教育,要增强系统观念,深化教育科技人才体制机制一体化改革,完善科教协同育人机制,加快培养造就一支规模宏大、结构合理、素质优良的创新型人才队伍。这些重要论述深刻阐明了加快建设教育、科技、人才三位一体发展对中国式现代化建设的重大战略意义,深刻把握了我国科技事业发展还存在的一些短板、弱项,更加明确了教育优先发展、科技自立自强以及创新引领人才驱动的建设目标和重点任务。

　　教育、科技、人才内在一致、互为一体、相互促进。教育是培养人的社会活动,尤其是高等学校教育是有计划、有组织、有目的的人才培养活动;科技是认识和解释自然世界和社会规律,进而开发出的用于改善人类生产生活的工具和技能;人才是社会发展中独特的异质资源,既是教育和科技实践的实施主体也是实施对象,联结"教育"与"科技"一体推进深化。只有把三者有机结合起来、一体统筹推进,增强系统观念,深化教育科技人才体制机制一体改革,完善科教协同育人机制,加快培养造就一支规模宏大、结构合理、素质优良的创新型人才队伍,才能构筑人才竞争优势,形成推动高质量发展的倍增效应。高校、干部培训(以下简称干训)机构等是教育、科技、人才的集中交汇点,承担着为党育人、为国育才的重任,应积极探索推进教育、科技、人才"三位一体"协同融合发展。

7.1.2　区域层面政策响应

　　按照国家战略部署,各地区加快推进政策布局,推进战略落实。据资料统计,2023 年全国各省市、地区共计出台相关政策 220 余项,内容涉及科技人才工作、科技教育工作、高端人才管理等。2024 年 1 月,北京市第十六届人民代表大会第二次会议表决通过了《北京国际科技创新中心建设条例》。该条例指出北京国际科技创新中心建设应当构建高效、协同、开放的创新体系,坚持教育、科技、人才一体部署、一体推进,协同推进科技创新与制度创新。2024 年 7 月,四川省印发《四川省产业科技人才教育一体发展规划》,是全国首个省级产业科技人才教育一体发展规划。该规划聚焦构建现代化产业体系,推进产业科技人才教育相互赋能、高效融合;战略目标是:到 2027 年,四川产业科技人才教育一体发展格局基本形成,到 2030 年,总体实现产业科技人才教育深度融合、一体发展。2024 年 5 月,绍兴市发布浙江省首个教育科技人才"三位一体"专项政策《加快"三位一体"高质量发展若干政策实施细则》,在"支持'三位一体'改革试点""实施'三位一体'协同攻关""支持高等院校研究生分院建设"等方面出台 10 条专项政策。

　　另一方面,打造平台、统筹协调。相关省市地区加速汇聚创新要素,重视打造人才工作站、科学中心、产学研联合体等"大平台",积极推动辖区高校签署了校地战略合作协议,积极推动产学研用对接。2024 年以来,安徽省加速汇聚创新要素,打造 19.2 平方公里大科学装置集中区,带动全省人才平台能级提升,集聚信息、能源、环境、健康等前沿领域人才 1.7 万余人;与浙江大学等 10 余所高校签署了校地战略合作协议,设立长三角人才工作站,承接先发地区创新和人才资源外溢,大量人才来皖推进产学研用对接。

总体而言,教育科技人才一体化发展战略层面纵深布局,具体推进落实方面仍需要实践探索支撑。科技人才培训是提升人才能力的重要方式,也是教育科技人才一体化布局的重要应用和实践场景。长三角区域围绕一体化人才培养开展了探索,对其进行梳理分析,具有重要的实践参考意义。

7.2 教育、科技、人才一体化培育典型案例与模式

对接国家战略需求,长三角在教育、科技、人才"三位一体"培育方面先行先试,开展了诸多实践探索。从培育主体角度,教育、科技、人才三位一体人才培养体系可以分为 4 类:高校培育模式、干训培育模式、新型研发机构培育模式,以及市场化机构培育模式。各地区在国家战略指导下,纷纷以教育、科技、人才一体发展为核心,结合地区实际,深入推进教育体制改革以及科技创新激励机制改革,并出台各类人才吸引政策,以期尽快打破教育、科技、人才一体发展深层次体制机制束缚,加快建立区域竞争优势。

7.2.1 高校培育模式

以高校为主体,面向科技企业、科技人才开展培训,在培训内容中,增强了"科技"的内容,打造"教育＋人才"中强化"科技"赋能的培训融合模式。中国科技大学科技商学院是这类模式的典型案例。

2022 年 10 月 26 日,安徽省政府、中国科学技术大学、合肥市政府三方合力共建的中国科学技术大学科技商学院(以下简称科技商学院)挂牌成立。在机制创新方面,科技商学院为中国科学技术大学二级实体学院,建立了指导委员会领导下的院长负责制,指导委员会主任由王清宪省长担任,委员会成员由政府官员、业界及学界专家组成。以"全职＋兼职""学术＋实践"两种模式相结合,探索师资建设新路径。

科技商学院旨在以中国科技大学雄厚的理工生医等学科优势为基础，以实践性、实战性、实效性为办学特色，通过创新的方式建设一个学术界与产业界的连接平台，培养"懂科技、懂产业、懂资本、懂市场、懂管理"的"五懂"（见图7-1）复合型科技产业组织人才，进一步助力解决科技、经济"两张皮"问题，打造科技产业组织学术流派，促进中国科技大学世界一流大学建设；加速培育创新型领军企业，助推战略性新兴产业高质量发展，推动安徽打造具有重要影响力的科技创新策源地和新兴产业聚集地。

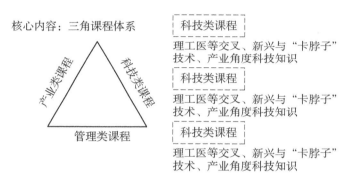

图7-1 中国科技大学科技商学院"五懂"科技产业组织人才培养体系

图片由中国科技大学科技商学院提供。

在科技产业人才培育方面，以科技商学院为主，联合"科大硅谷""羚羊工业互联网"平台，初步形成了"高水平导师队伍＋新型课程体系＋高潜力学员"的新路径。除了开办科创EMBA授课班，还与安徽省科技厅联合开办"千人特训营""拟上市企业董事长研修班""工信部领军人才项目"等高端培训项目。通过举办"STIM2思梯门讲堂"（Science & Technology & Industry & Investment & Management & Marketing）、高端论坛、产业沙龙、创新创业活动等品牌活动，推进高层次、多领域交流合作；联合科大硅谷、羚羊工业互联网等生态伙伴，为人才和企业打造"政产学研金用"的协同创新平台。

7.2.2 干训机构培育模式

干部培训机构逐步重视教育科技人才一体化培养，这类培训机构的优势在于具有较为成熟的干部培训体系，但在教育体系方面的积累相对薄弱，因此在推进一体化培训的过程中，更加注重补充教育体系、科技内容等，形成面向科技干部群体的重要培训方式。

江苏南通的张謇企业家学院就是这类典型案例。2021 年 1 月 6 日，张謇企业家学院在江苏南通市委党校揭牌成立（以下简称"学院"）。学院由全国工商联、中央社会主义学院、江苏省委省政府、南通市委市政府合作共建。体制机制方面，参考新型研发机构的模式，按照三类事业单位管理，打造新时代企业家队伍建设教育培训基地。全国工商联、中央社会主义学院、中华职教社、国际儒联先后在学院设立教学培训基地。学院与全国市长研修学院、清华大学经济管理学院、中欧国际工商学院、南京大学、上海国家会计学院等开展紧密合作，成立省生态文明学院、应急管理分院、财税金融分院、首席质量官学院、乡村振兴分院等系列分院。

张謇企业家学院贯彻落实习近平总书记视察江苏重要讲话指示精神，持续推动全省企业家调训轮训机制。与江苏省工商联共同举办各级工商联常执委企业家任职前、任职后培训；与江苏省委组织部共同举办人才和民营企业党建培训；与江苏省工信部、工信厅共同共建优秀企业家精神学习中心，举办中小企业经营管理领军人才培训班和企业经营管理人才主题特训营中短期研修班，进行人才培训；与江苏国资委共联，举办省内国有企业高管培训和国企内训。张謇企业家学院企业家培训体系和精品班次如图 7-2 所示。各类培训班覆盖全国 31 个省（市、自治区），累计开班 827 期，参训学员累计 8.8 万人次。

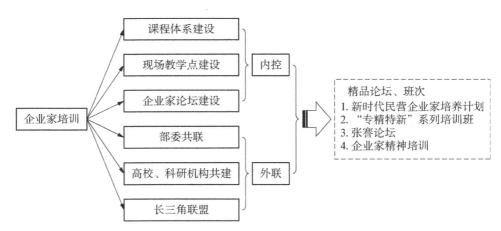

图 7-2 张謇企业家学院企业家培训体系和精品班次

图片由张謇企业家学院提供。

2021 年 5 月张謇企业家学院建设被列入长三角一体化发展重大事项,与上海、江苏、浙江、安徽"三省一市"工商联和南通市政府签署共建张謇企业家学院协议。作为长三角科技人才培训联盟成员单位,加强资源整合和合作,共同推动长三角地区的科技创新和人才培养工作。

目前张謇企业家学院已经成立了 4 家分院。分别是:由江苏省生态环境厅和南通市政府依托张謇企业家学院合作共建江苏省生态文明学院;由南通市财政局、国家税务总局南通市税务局、南通市地方金融监督管理局、中国人民银行南通市中心支行、中国银保监会南通监管分局与张謇企业家学院联合共建的张謇企业家学院财税金融分院;由南通市应急管理局和南通市人力资源和社会保障局三方共建的张謇企业家学院应急管理分院;由江苏省农业农村厅、南京农业大学与南通市人民政府联合共建张謇企业家学院。

7.2.3　新型研发机构培育模式

近年来,新型研发机构作为科技体制机制改革的重要试点举措,在全国范围内不断扩大试点范围。新型研发机构面对专业人才不足的问题,也逐步探索开展教育科技人才一体化的培育模式,打造面向市场需求导向的专业化复合型人才。安徽创新馆、上海长三角国家级创新中心是这类机构中的典型代表。

(1) 深耕专业领域,培养专技人才。安徽创新馆是全国首座以创新为主题的综合场馆,也是科技部火炬中心认定为第二批国家技术转移人才培养基地,创新馆坚持市场化运营思路,创新"事业法人+企业法人"双主体运行模式,在学习国外知名机构经验的基础上,结合安徽科技大市场建设实际,创新技术经纪人培养、认证、积分、进场交易闭环工作模式,组建安徽省技术经理人协会,挂牌 4 家技术经纪人事务所,已形成了具有自身特色的"实训+服务"的技术经纪人培训模式。在安徽创新馆公益二类事业单位基础上,组建国有控股的安徽科技大市场建设运营公司,打造出全国首创的科技成果转化交易展示一体化运营模式,促进科技成果就地转化、就地交易、就地应用。截至 2023 年 6 月,科技大市场内建成运营芜湖、蚌埠、六安、淮北等分市场 10 个,构建"前店后坊"模式,逐步建立"科技大市场(技术产权交易所)+科技服务机构+技术经纪人+成果产业化基地"的成果转化服务体系,已经引进国际、国内知名科技服务机构近40 家。

2020 年以来,安徽创新馆共举办技术经纪人培训班近 20 次,累计培养技术经纪人2400多名,组建省内首个技术经纪人服务团和首批4家技术经纪人事务所,建立完善以技术经纪人为主体的成果征集、需求挖掘、交易转化机制(见图7-3)。

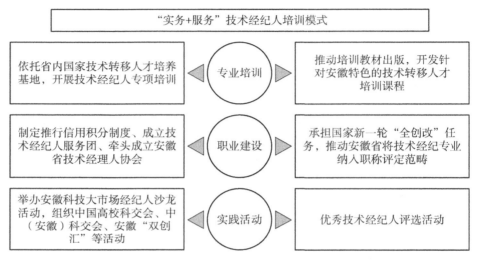

图7-3　安徽创新馆"实训＋服务"的技术经纪人培训模式

图片由安徽创新馆提供。

(2)围绕产业技术需求,打造创新生态。长三角国家技术创新中心是由国家科技部批准,以上海长三角技术创新研究院为主体,联合江苏、浙江、安徽等地相关机构共同组建的综合类国家技术创新中心,于2021年6月3日正式揭牌成立,定位于从科学到技术的转化,产学研协同推动科技成果转移转化与产业化,为长三角区域产业发展提供源头技术供给与转化服务。长三角国家技术创新中心下设上海长三角技术创新研究院、江苏省产业技术研究院。

长三角国家技术创新中心以产业技术需求为课题、以专业研究所和企业研发中心为平台、以研究所研究员和企业的高级工程师为合作导师,与海内外大学实施人才联合培养,累计培养5884人。长三角国家技术创新中心还发起"链主企业家与科创菁英培育工程",面向长三角国创中心体系内单位、国内头部企业和机构负责人,以及来自国内外高校院所拥有可转移转化技术成果的科技专家,举办系列活动,为学员企业和创业项目提供专业、精准、深度的赋能"五精"(精准画像、精准服务、精准问需、精准联合、精准助力)服务,促进学员之间共创共投和产学研合作,培育"五懂"的链主企业家和科创菁英(见图7-4)。

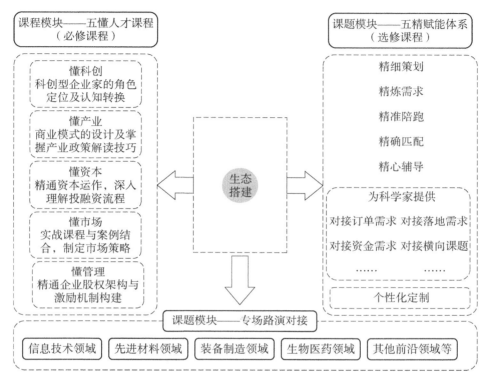

图7-4 长三角国家技术创新中心链主企业家与科创菁英特训培养体系

图片由长三角国家技术创新中心提供。

7.2.4 市场化机构培育模式

市场化培训机构逐步拓展科技领域的培训内容,从应用导向,推进教育科技人才一体化的培育。在课程体系中,更加强化了以国家战略导向需求和企业实操为导向的科技创新课程,从而更好地引导企业提升科技创新能力。上海国资培训中心是这一类模式的典型案例。

上海国资培训中心有限公司隶属上海国有资本运营研究院,于2020年7月正式成立,属于营利性民办职业技能培训机构,主要从事技能培训、教育辅助及其他教育。上海国资培训中心依托上海国资院所形成的综合资源,围绕国企"区域综改""双百行动""科创示范"等主题和企业创新实践,积累了丰富的对标学研案例,精心打造具有国企改革特色的"研学"项目,在产业、人才交流等方面深入对接,助力国资国企高质量发展(见图7-5)。其培训模式有:内训定制课,根据委托单位需求和学员基础,找准难点和痛点,设计体系化的定制方案;全国公开课,面向全国国资国企单位,以国资国企改革重点和热点为主,为学员搭建交流与合作的平台;"云"享线上课,搭建国资培训线上平台,为学员及时输送热点专题微课,并可与线上结合、学时共享。核心课程是聚焦深化改革、公司治理、创新发展等国企改革4大主题;主题课程包括:国企党建与企业管理、国企投资与投资管理、与新质生产力相适应的科技创新课程。采取顾问式培训:邀请权威专家与师资聚焦核心问题、诊断分析提供解决方案和操作路径。培训中心已经自主开发专题35个,研发课程逾700门,长期合作培训讲师逾280名,线下学员已超过1.8万人次,线上参训学员已逾11.3万人次,辐射全国31个省市(自治区),4000余家企业和单位。培训中心服务各级国资委系列培训,对12个省、包括国务院国资委在内29个国资委、举办了36次专题培训。

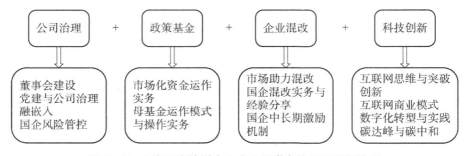

图7-5 上海国资培训中心企业研学参访项目课程体系

图片由上海国资培训中心提供。

7.2.5 模式总结

综上,无论是高校、干训学院、新型研发机构以及市场培育机构,针对不同的培育主体均已制订了符合自己特征和发展现状的课程体系、培养方式及配套服务等,并不断进行创新和完善,向教育、科技、人才一体发展高质量发展做出努力(见表7-1)。不同培育机构都是基于自身的基础,加快融合发展,针对自身薄弱环节,增加相应课程配置,从而实现科技教育人才一体化培育,打造面向创新发展需求导向的复合型人才。

表7-1 各类型人才培养模式特点汇总

类型	培育主体	面向群体	培育特点	缺陷与不足
高校培育模式	高等院校、职业院校	企业高管、投资机构高管等	重视学科建设、产学研平台建设,基于"教育＋人才"基础的"科技"赋能,通常具有较好的课程体系基础和良好的校舍培训环境。师资较为充沛。有学历教育的支撑	技能提升培训弱,科技前沿和动态把握偏弱,收费一般偏高
干部培育模式	党校、各类干部培训机构	政府机构、企事业单位等科技干部	重视科技干部培训,重视科技党建培训,通常具有较好的干部培训课程体系,能够较好地把握科技前沿和政策导向。具有较好的培训条件。培育干部人才较广	自主性弱,培训体系完整性不足,缺乏学科体系支撑。培育人才群体受限
新型研发机构培育模式	新型研发机构	企业人才、创业者、技术转移人才	重视科技成果转化人才的培养。培训内容的专业性强、针对性强,符合人才技能提升的需求,能够较好地把握市场需求	教育基础不足,自有师资有限,培训对象较为分散
市场机构培育模式	市场化培训机构	科技企业、企业人才等	重视实用性,围绕企业需求,可以提供专业化的培训,可以为企业定制化培训,专业性强、自主性强、反应迅速	培训课程综合性有限,产业变化对其影响较大

7.3 面临的问题与挑战

当前,教育、科技、人才一体发展需与新质生产力发展保持高度一致,在逻辑上、理论上、方法上均存在内在关联性,既有不同侧重点又交叉融合在一起,共同为中国式现代化高质量发展提供坚实支撑。在实际运行中,仍存在一些卡点和堵点亟待思考和解决。

（1）跨界融合培育人才的规范指导政策仍然不足。

从当前管理架构分析,中央教育工作领导小组统筹教育工作、中央科技委员会统筹科技工作、中央人才工作领导小组统筹人才工作,充分体现了党对教育、科技、人才一体发展工作的全面领导。在实际工作推进中,各部门工作职能相互交叉,因此存在协同不畅、共享不充分等现实问题。从现有的政策层级和政策类型来看,科技政策、教育政策和人才政策均有各自的战略指导政策和基本分类政策,如教育政策基本上分为国家政策、各省市按教育对象为基本分类的指导政策及各层级学校主体的实施办法;科技人才政策目前主要集中在人才激励、科技产业部署以及科技企业创新管理等方面。国家层面支持教育、科技、人才一体发展的指导性建设办法尚未出台,各省市统筹性的一体化建设规划出台数量极少,配套支持政策主要是地市或是区层面出台管理办法,且政体多以行政命令为主,缺乏激励性政策和能力建设工具。

(2)教育科技人才培育的协同融通水平有待提高。

从高校来看,虽然已经在探索面向企业、市场需求的跨界人才培养,但受到原有高校培育人才模式的惯性,在新兴学科与交叉学科建设方面的人才培养体系仍然不足,拔尖创新人才培养效应尚未充分显现;高校专业与培养模式同社会及市场的科技创新与产业发展需求匹配度不足。干部培训机构则虽然在应用方面更加符合市场需求,但受到学科体系不强等限制,阻碍了更高水平培育人才的效果。市场化机构的培育方式持续性不足,稳定性有待提高。不同培育机构如何相互交叉、相互配合、融通发展、各尽所能,协同机制仍待健全。

(3)面向科技前沿需求的产教融合平台动力不足。

以数字经济为主导的创新型现代化产业体系建设正在如火如荼进行中,企业作为创新关键主体,是推动新型产教融合平台,推动人才链、教育链、产业链、创新链"四链"深度融合的核心要素,能够非常敏锐地发现最新市场需求,进而有针对性地赋能产业技术和产业资本优化。如前文所述,校企合作模式越来越丰富,但依旧存在平台打造经费不足、校企合作缺乏顶层设计、人才培养规格标准不一等现实问题。此外,企业经济效益是首要解决的问题,目前现有的产教融合模式在市场风险的预判和管理方面能力较弱,且运营成本在平台建设后期呈现出几何数量级增长,对企业运营压力较大。

(4)教育、科技、人才发展割裂现象仍然存在。

党的十八大以来,我国科教领域协同性政策频出,一体化发展具备一定基础。据不完全统计,党的十八大以来,中央和国家部委层面出台的联动教育、科技、人才的重要文件超过50份,其中超过30份是党的十九大以后颁发的。各地积极响应国家政策,以重大应用需求为导向,促进教育、科技、人才一体发展。

但是问题也很明显。一方面我国的教育、科技、人才各自隶属不同的管理部门，绝大多数的运营机构也是分工明确、职能分割、彼此隔离的，并且现有的对各类管理部门与机构的评价指标也很难兼顾教育、科技、人才一体发展。教育、科技、人才等相关政策已经形成了相互嵌套、叠加的局面，很难通过单方改革推进三者一体发展。

7.4　启示与发展建议

目前围绕教育、科技、人才一体发展相关研究主要集中在逻辑解释、实现路径等两方面，其中关于实现路径的研究结论主要有践行理念、政策布局及机制改革等方面。结合实地调研、案例研究及问题分析，提出以下发展建议。

（1）进一步明确教育、科技、人才一体发展的目标方向。科技强国建设、科技独立、国家安全是当前国家战略发展核心议题，教育、科技、人才一体推进应聚焦"卡脖子"领域、数字经济领域等，以提升原始的、自主的创新能力为首要目标。因此，需要加速顶尖人才和产业紧缺人才培养体系建设，创新教育理念，优化科技创新生态，以人才促产业发展，以科技支撑经济发展。要加快构建一支高水平的基础研究人才队伍，迫切需要加快研究基础研究人才成长规律，加强基础学科人才培养，推动基础研究人才培养"关口前移"，源源不断地造就规模宏大的基础研究后备力量。

（2）加强制度供给，为宏观管理机制革新提供"试错"空间。推进教育、科技、人才"三位一体"发展，需要优化政策评价工具，增加政策工具的供给，充分考虑教育、科技、人才各主体部门联动、信息共享、举措互通存在的现实问题，针对问题进行管理职能的优化整合，出台支持政策和管理办法，扩大混合型及市场化的供给与运用，创造良好的政策环境。允许管理上"试错"，试行管理政策负面清单制度，为科研减负、为人才减负、为管理减负，有效激发创造力。

（3）激发企业内生动力，打造一体推进发展全链条式平台。一要建立常态化政企沟通机制。政府要充分发挥引领支持作用，在企业参与的重大科技创新项目、重点人才工程等给予充分的信任和鼓励，加大企业倾斜关键核心技术和紧缺人才培育的支持力度，提高企业在项目申报、科技成果转移转化方面的话语权，积极搭建智能化、科技化的应用场景，让企业"敢想、敢试、敢做"。二要坚持校企共建原则。校企共建、平台打造需要有共同的目标导向，重视产业效益的同时也要关注经济效益，解决企业发展后顾之忧。三要给予合作激励。积极推动和落实企业科创投入税收政策、科技创新奖励政策、人才奖励政策等，允许企业把创新人才配套的科研启动资金、安家费等列入企业成本核算。

（4）加快建设人才培养"云享"共享学习平台。目前各类型云学习平台市场受众广、社会效应影响较大，为各类型、各主体的学习带来了便利性。应加快建设教育、科技、人才一体发展培养"云享"知识平台，立足一体发展培养的人才培养目标，充分调动各培训主体的积极性，重点打造受众更精准、知识更专业、教学管理更科学的知识管理平台。

（5）提升"培训中的培训能力"。目前，各培训实施主体按照既定发展目标有条不紊地开展建设工作，但随着教育、科技、人才一体发展建设要求越来越高，高校主体、党校干部学院主体、科研机构主体及市场化企业主体在开展科技人才培养、基础学科建设及高端人才培养方面发现自身能力提升速度已跟不上协同建设的要求。培训实施主体的专业化、一体化建设需要坚持协同创新发展共同目标，需要在人员要素配置、硬件配套及专家资源配置等方面加大投入力度，不断提升专业化组织和管理水平。

（6）建制化推进"三位一体"平台建设，扩大培养主体范围。一是赋予各地的国家实验室等科研平台多元化的科研功能，加强科教创新团队建设，提升平台的人才培养、实验室研发、成果转化的积聚功能；二是充分发挥科技领军企业、新体制科研机构拥有大量专业领域高水平创新资源的优势，增加有条件的非高校机构研究生招生额度，依据能力优先创新导向的原则，克服唯分数、唯升学、唯文凭、唯论文、唯帽子的顽瘴痼疾，从根本上解决教育评价指挥棒问题。重构高校机构研究生导师资格认定办法，加大导师的实践能力评价权重，促进教育、科技、人才一体发展。

科技企业创新管理能级模型及长三角应用

企业创新管理能力是提升企业创新综合实力的内核力量,是关系到科技企业能否成长为科技领军企业的重要因素。如何提升企业创新管理能力,是区域创新政策制定的重要议题,是探索提升企业创新主体地位的重要政策工具类型。本章基于对企业创新管理能力成熟度模型的分析,构建企业创新管理成熟度调研问卷,并对科技企业、高新技术企业、高成长科技企业进行实证调查,对比分析特点与政策需求,以供区域创新发展研究制定政策工具参考。

8.1 研究背景与政策实践

8.1.1 企业创新管理能力成熟度模型

企业创新能力既有外部推动因素,也有内部驱动因素,因此企业创新能力不仅取决于企业的创新投入产出能力,也取决于企业自身的创新管理能力。

能力成熟度模型是由软件工程协会(Software Engineering Institute,SEI)提出的,通过"持续流程改善"的概念,将软件开发流程区分成 5 个成熟度等级,设计一个渐进式的演化路径,一步步地增加软件开发流程的成熟度。软件能力成熟度模型(Capability Maturity Model for Software,CMM‐SW)为软件公司在开发及维护软件时提供指引,通过评估目前软件流程的成熟度并识别软件质量及流程改善的一些关键问题,来引导软件公司选择流程改善策略,以促进在软件流程能力上持续地获利。

CMM 概念出现后,由于其具备一般性和适应性,近年来,越来越被广泛地应用于诸如管理学、信息科学等领域。除 CMM‐SW 外,项目管理成熟度模型(project management maturity model,PMMM)、知识管理成熟度模型

（knowledge management maturity model，KMMM）和信息质量管理成熟度模型（information quality management maturity model，IQMMM）是其发展的代表，ISO 9004 标准也吸收了 CMM 理念，作为衡量质量、保证成熟度的方法。

有学者将 CMM 模型与创新管理能力进行融合，建立了创新管理能力成熟度模型，并将其划分为 5 个等级：临时性创新、已定义的创新、支持性创新、整合性创新及协同创新。该模型被众多学者引用，已成为创新管理领域最为成熟的模型。还有学者将组织创新管理能力的发展过程分成播种、优胜、管理、战略和冒险等五个阶段，并构建了 5 级创新管理能力成熟度模型。赵林捷（2007）基于能力成熟度概念，构建了一个包含发展、分析和评估 3 个子模型在内的创新管理成熟度模型（Innovation Management Maturity Model，IMMM）；以 IMMM 作为衡量企业创新管理成熟度水平的工具，企业可以适时诊断创新过程中存在的问题，找出改进方法，从而不断推动技术创新管理水平的提高。杨首一等（2020）建立了科技创新管理成熟度评价指标体系，再通过设计不同阶段、不同领域权重，对中车株洲所下属 15 家参评单位的科技创新管理成熟度进行了评价。

总体而言，创新管理成熟度模型通常将企业的创新管理能力划分为不同的成熟度等级，通常包括 5 个层级；包括了对企业创新战略、项目组织、文化建设、网络伙伴等多维度的考量。不同层级上创新维度有不同表现，这些等级从低到高反映了企业创新管理的逐步成熟和优化过程。常见的等级划分包括：

（1）初始级。在这一阶段，企业基本不具备技术创新管理能力，其创新活动是随机的，带有偶发性。创新项目所需的技术还不成熟，创新所需的各种资源缺失，各个部门缺乏沟通，创新计划经常由于环境和资源的变化而被改变。这一阶段的创新管理处于无序状态，创新的效率低下。

（2）基本级。在基本级，企业对技术创新活动已经有了初步的管理制度。企业的创新开始具有计划性，创新活动的组织和管理开始有章可循，但各项制度都还不完备。创新技术在具有了一定成熟度的基础上，开始被运用于创新项目。

（3）管理级。在管理级，企业的技术创新管理能力得到了显著提升。企业已经建立了相对完善的创新管理体系，包括创新战略、创新流程、创新组织、创新资源等方面的管理。创新项目的管理更加规范化和系统化，创新效率和成功率得到提高。

（4）优化级。在优化级，企业的技术创新管理能力达到了成熟的最高水平。企业的技术创新管理工作不仅是企业的一项重要工作，而且已经成为企业成功的经营管理中的一个重要环节。技术创新管理部门能够有效优化本部门的工作，还能和其他部门共同合作，使整个企业的运转不断优化。

（5）引领级（或称为"卓越级"）。在某些模型中，还可能存在一个更高的成熟度等级——引领级。在这一阶段，企业不仅在内部形成了高效、协同的创新管理体系，还能够在行业中发挥引领作用，推动整个行业的创新和发展。

8.1.2　德国弗劳恩霍夫协会的企业创新成熟度模型

创新卡片是用来推动和控制企业持续向创新目标演进的管理工具，它通过监控企业当前所处的创新状态，为企业提供相应的改进措施和建议，实现控制企业创新活动的目的。这一方法由弗劳恩霍夫协会劳动经济和组织研究所开发实施。

创新卡片与创新审计是弗劳恩霍夫协会以"卓越创新模式"为基础，为加速企业创新而建立起来的"两步走"策略。要更好地理解创新卡片，需要了解创新审计，二者虽可独立使用，但却存在紧密联系。创新审计是创新卡片能否成功实施的重要前提和基础。通过创新审计，企业明确了自身的发展目标，进而才能够使用创新卡片作为实现目标的监督管理工具。

创新审计是指通过实地调查企业现状，分别从"创新战略领域、创新结构领域、创新过程领域、创新文化领域"对企业创新能力进行评价，从而对企业创新环节中的问题进行诊断，明确企业创新改善的方向和任务（见图8-1）。创新审计可以由企业自己进行，也可以邀请外部审计人员组织实施。通常，借助外部分析的结果更为公正客观，弗劳恩霍夫协会即拥有对企业进行这种创新审计的功能。

通过创新审计，对企业进行5个等级的划分，由低到高，分别是偶尔的创新者、保守的创新者、积极的创新者、战略的创新者、卓越的创新者（见图8-2）。

不同级别的创新表现有所差异：

（1）成熟程度级别1：偶尔的创新者。具体表现为：企业文化对创新具有阻碍作用，企业没有明确的创新战略，创新所需知识没有成熟的流通渠道，只是口口相传或被动相传。没有系统的知识交流，无法找到所需的知识和信息，企业内部不知道它的存在，成功的创新产生于偶然的机遇，创新产品种类很少。创

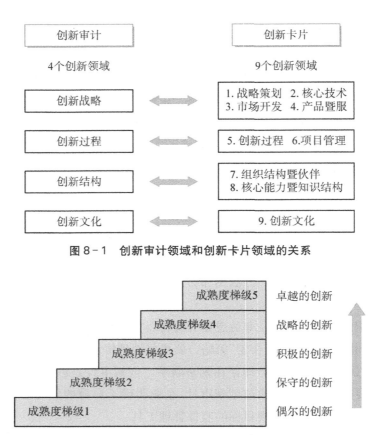

图 8-1　创新审计领域和创新卡片领域的关系

图 8-2　创新能力的成熟程度

新产生的过程记录不明,很难理解创新结果是如何产生的。创新不是在一个确定的创新过程中产生。企业的组织体制和执行过程仅允许对创新项目所需的资源进行少量的重新分配。已有的网络无法深入了解与创新有关的创造性地开发。创新计划的实施以项目的形式进行,这个项目的组织结构与企业的常规组织结构交织在一起。项目组相对于企业的常规组织具有很少的独立性。缺乏对创新获得新的市场潜力的重视。没有或者无法获取市场需求的变化,因而企业内部缺乏应变的动力。

(2)成熟程度级别2:保守的创新者。具体表现为:理论上认可创新,但缺乏实现创新的有效措施。有明确的目标,并试图通过创新计划的成功来实现目标。企业内部存在系统化的知识交流,内部各单位建立了在单位内共享的信息。但不同单位之间的交流仍很困难。技术信息的获取比对手慢,但能够跟得上并持续追踪。企业能产生创新,但对创新的形式仅体现在个别的文档,与企业外部的交流有限,不能把创新过程中形成的知识进行转让(交流)。理解企业内部创新过程中的典型性为和过程,并将之系统化。固定的组织体制和执行机构可以有一定的灵活性,建立了与创新有关的网络。创新项目相对于常规组织具有一定的独立性。了解市场的信息变化,但没有系统的搜集整理并进行分析,只有不完整的市场信息。部分项目的开发不是根据市场的需求,市场业绩有限。

(3)成熟程度级别3:积极的创新者。企业乐于创新,并接受对已有产品或过程的新的创新建议。企业制订了创新发展战略。企业内部建立了执行创新所必需的竞争关系。不是所有的员工都可以获得与创新有关的知识。为实现目标,企业把注意力集中在一些具有创新前景的单项技术上。企业创新以并存的方式产生,单个项目的信息和知识之间不能相互促进。创新形成过程的知识没有标准化的文档或者不是能够普遍可以获得的,因此会产生一些曾经犯过的错误。企业对创新过程进行了标准化。企业建立的网络,并具有跨组织的合作。创新项目被看作一个独立的组织单元,并拥有有限的自主权。企业注意市场和竞争对手,并在指定创新计划时考虑这些方面。

(4)成熟程度级别4:战略的创新者。企业支持员工开发新的创意,并鼓励他们把这些创意上报给上级。企业强调创新的重要性,并对创新有战略性的规划。企业有一个关于创新研究、创新开发、引入市场的战略,实现了企业范围内的知识管理,并使所有员工都能够进入企业的知识库。企业对新知识的开发还很少。具有创新潜力的技术可以通过有目标的技术管理得到筛选。企业的产品和服务具有创新性并在市场上取得成功。它们将被进一步的开发,并被部分的用于新产品和新服务项目的开发。企业创新必需的过程被标准化,并通过过程特征参数进行监控,可以检查这个过程与其他企业内部或外部过程的兼容性。企业内部组织能够使创新项目灵活的使用资源。企业通过合作管理来对技术伙伴的合作进行规划和控制。项目组织承担所有与项目有关的重要任务。只有一些特殊的功能还没有纳入项目组织。企业进行系统化的标准检验和市场筛选,通过创新过程中及早考虑客户需求,使得创新产品能有计划地在市场上占有一定份额。

(5)成熟程度级别5:卓越的创新者。在企业范围内特别鼓励并支持员工提出新的创意,并实现这些创意。这类项目受到特别的支持。企业内部支持敢于尝试创新的冒险精神。企业对创新作预先规划然后再执行，目标是能够领先于对手，这种领先可以通过设置市场进入的障碍得到保障。员工能够系统地了解企业的最新知识并使用这些知识产生新的知识。企业内部对这个体系的接收程度很高，并且由此产生的员工在创新过程中收益很大。创新技术的开发始终被密切观察评估。企业能够很方便地得到作为企业关键技术的知识。在企业的产品组合中有很多成功的创新产品和服务项目。集中管理成功创新的项目和被中断的开发过程的文档，作为新产品创意的信息库。这样使从已有创新项目中获得新的创新变得容易。创新过程被战略性地确定。标准化的创新过程可以根据变化的目标灵活调整。企业的过程是连续的并可以给予可重复的结果，解决了与其他过程的衔接问题。企业有一个对开发和引入创新所需的全面的网络以及和其他伙伴的合作形成战略联盟。联盟组织允许有目标的使用资源。创新项目通过项目组织进行。项目是一个独立的结构单位，对项目的执行具有自己的控制和调节机制。系统地使用客户知识，以便对市场的需求和要求做出反应。

8.1.3　上海加速企业创新计划政策实践

为推进企业加速创新，参考弗劳恩霍夫协会"企业成熟度模型"，上海市科委曾在张江高新区范围内开展"加速企业创新计划"试点，设计相应的指标体系，并形成了相对完整的评价方案。加速企业创新计划的实施具有以下特点：

一是以提高"管理能力"为重点，重在以"软实力"撬动"硬实力"。将服务目标从单纯的硬实力扶持转向软实力扶持，帮扶企业进行创新管理能力改进，进而以"四两拨千斤"的方式，以提高管理能力为杠杆，实现撬动企业整体创新能力提升的最终目的。

二是以建立"知识库"为补充，重在兼顾政府扶持的短期与长期效益。建立了"创新管理'知识库'"系统，将自我测评工具、管理改进建议以及企业改进案例等放在"知识库"中。一方面，参与计划的企业可以通过学习"知识库"内容，更好地找到自身的不足；另一方面，企业将自我改进的方案和方法再次补充到知识库中，可以成为其他企业借鉴的模板。

三是以政府"后补贴"方式为主，重在提高科技投入实际效力。"加速企业创新计划"采取了"后补贴"的方式，即企业按照自我改进方案进行改进后，凭借相关发票（如聘请咨询机构做咨询等花费）获取政府资助。这样能够在一定程度上确保企业完成既定目标,从而提高科技投入的实际效力。

2009 年,加速企业创新计划在上海张江高新技术产业开发区内先行先试,共在集成电路、生物医药、软件、通信制造 4 个领域企业进行试点。

通过试点以及企业走访调研,企业普遍反映创新管理十分重要,企业对"知识库"均表现出较浓厚的兴趣,认为"知识库"可以为企业提供很多学习的材料和借鉴的案例。企业基本上均在资助期内开展了相关管理改进,并取得良好效果。

企业创新管理能力评估指标体系见图 8-3。

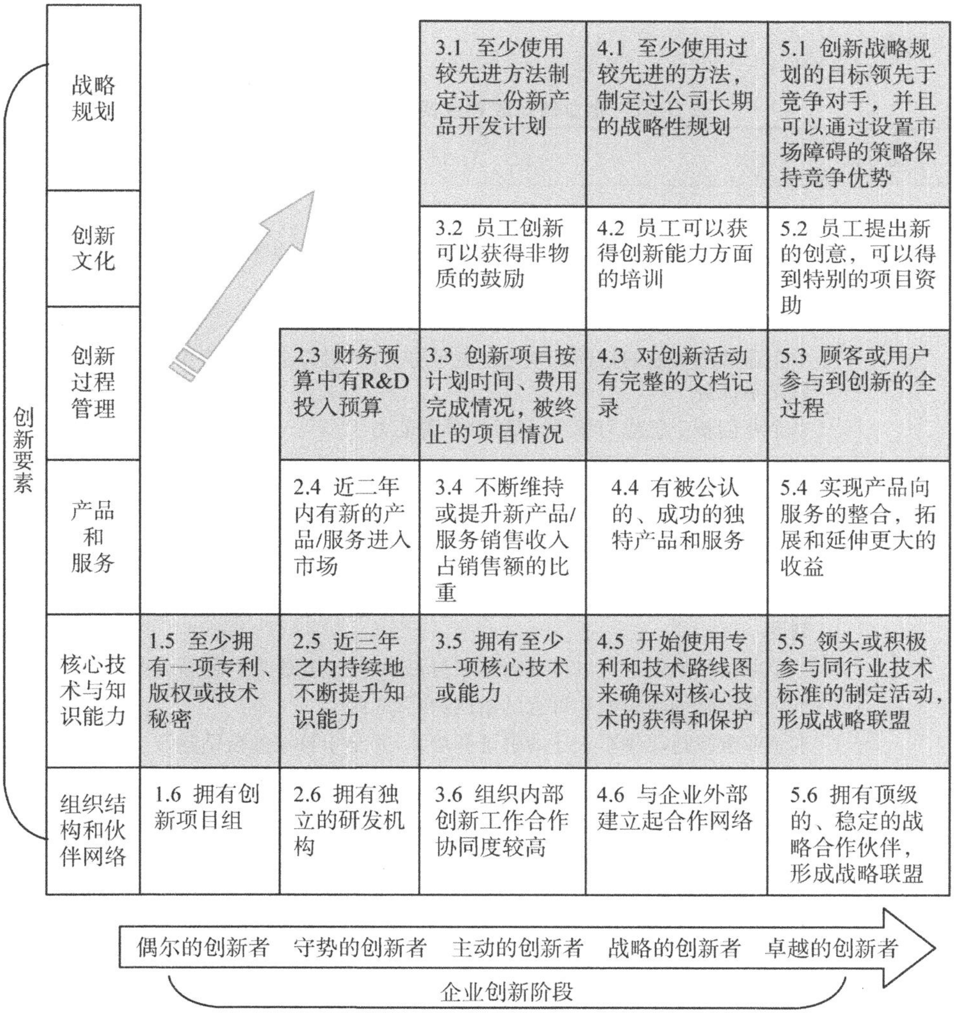

创新要素	战略规划		3.1 至少使用较先进方法制定过一份新产品开发计划	4.1 至少使用过较先进的方法,制定过公司长期的战略性规划	5.1 创新战略规划的目标领先于竞争对手,并且可以通过设置市场障碍的策略保持竞争优势
	创新文化		3.2 员工创新可以获得非物质的鼓励	4.2 员工可以获得创新能力方面的培训	5.2 员工提出新的创意,可以得到特别的项目资助
	创新过程管理	2.3 财务预算中有R&D投入预算	3.3 创新项目按计划时间、费用完成情况,被终止的项目情况	4.3 对创新活动有完整的文档记录	5.3 顾客或用户参与到创新的全过程
	产品和服务	2.4 近二年内有新的产品/服务进入市场	3.4 不断维持或提升新产品/服务销售收入占销售额的比重	4.4 有被公认的、成功的独特产品和服务	5.4 实现产品向服务的整合,拓展和延伸更大的收益
	核心技术与知识能力	1.5 至少拥有一项专利、版权或技术秘密	2.5 近三年之内持续地不断提升知识能力	3.5 拥有至少一项核心技术或能力	4.5 开始使用专利和技术路线图来确保对核心技术的获得和保护	5.5 领头或积极参与同行业技术标准的制定活动,形成战略联盟
	组织结构和伙伴网络	1.6 拥有创新项目组	2.6 拥有独立的研发机构	3.6 组织内部创新工作合作协同度较高	4.6 与企业外部建立起合作网络	5.6 拥有顶级的、稳定的战略合作伙伴,形成战略联盟

偶尔的创新者　守势的创新者　主动的创新者　战略的创新者　卓越的创新者

企业创新阶段

图 8-3　企业创新管理能力评估指标体系

8.2 研究方法与数据调查

结合已有相关成熟度模型,本文结合不同成长阶段企业创新的综合能力表现和特征,围绕 6 个方面,形成了关键问题的梳理,并设计调查问卷。

8.2.1 问卷设计

聚焦在企业创新综合能力成熟度测评,问卷包括 6 个方面 33 个关键问题(见表 8-1)。

表 8-1 企业创新成熟度模型关键问题设计

体现方面	关 键 问 题
战略规划	本企业开展对创新项目的战略规划和组合管理
	本企业制定新产品开发计划,并使用一些创新方法提供决策效率,如阶段评审流程方法等
	本企业邀请外部专家协助制定企业创新战略
	本企业战略规划的目标是领先于竞争对手,并可以通过设置市场阻碍策略保持竞争优势
	本企业创新应急能力预案,风险及预警能力
创新文化	本企业高层具有创新精神,并关心创新情况,针对创新问题做出相关决策
	本企业表现出学习型组织的特征,有学习交流的渠道等
	本企业员工创新表现可以获得物质或者非物质的奖励
	本企业鼓励员工开展创新技能培训,建立人才引进和人才绩效评价等奖励制度
	本企业员工的创意可以得到内部项目资助,建立开放式的创新创业平台
	本企业容忍创新失败和善意的错误,容忍风险
	本企业重视行业领军人才的引进和培育,并给予特殊的激励政策
创新过程管理	本企业制定了企业研究开发的组织管理制度
	本企业建立了研发投入核算体系,编制了研发费用辅助账
	本企业组织建立阶段性的创新产出目标和里程碑,创新项目能够在计划时间和预算经费内完成
	本企业有完整的精细化管理方案,取得相关质量管理体系认证,采用先进的企业管理方式,如 5S 管理、卓越绩效管理、ERP、CRM、SCM 等
	本企业顾客或用户参与创新全过程

(续表)

体现方面	关 键 问 题
创新产品和服务	本企业近两年有新的产品/服务进入市场,并带来收益 本企业新产品销售收入占全部营收比重持续增加 本企业注重产品销售与售前售后服务的结合,拓展延伸更多收益 本企业主要产品市场份额全市排名居前 本企业具有知名品牌,公认的独特产品市场份额全国领先
知识管理能力	本企业拥有受法律保护的知识产权,如专利、版权、技术秘密等 本企业对创新活动进行文档记录 本企业拥有完整的知识产权制度 本企业开始使用专利地图和技术路线图等工具 本企业领头或参与制定行业技术标准 本企业领头或参与国际标准的制定
创新组织与伙伴网络	本企业拥有围绕创新任务的项目小组 本企业设立内部研发机构,并具备研发条件 本企业与国内高校、科研院所等开展多种形式产学研合作 本企业与国内顶级高校、科研院所、大型企业开展研发合作 本企业与国际顶尖机构开展研发合作,拥有顶级的稳定的战略合作伙伴,形成战略合作联盟

8.2.2 调查对象

为了更好地对标分析高成长科技企业创新成熟度模型,课题组对科技企业进行了分类:一般科技企业、经认定的高新技术企业、高成长科技企业。分别选取了各类企业样本,通过邮件方式进行发送。其中高成长科技企业的选取标准为:连续 3 年参与企业年报填写,且连续 3 年营收或从业人员增幅超过 20%。

8.2.3 调查与分析方法

对 3 类企业进行问卷调查。在 2022 年 5～8 月期间,采用发送邮件的方式,使用腾讯问卷,企业通过扫描邮件内的二维码进行填报。经统计:一般科技企业发送 1000 份,回收有效问卷 112 份;高新技术企业发送 1000 份,回收有效问卷 113 份;高成长科技企业发送 1000 份,回收有效问卷 116 份。

针对创新能力测评的 6 个关键问题,设定了 1～5 分,企业根据状况,在相应的分值打分,1～5 分的分值选择,1 表示与公司情况最不相符,2 表示较不符合,3 表示中等,4 表示较符合,5 表示最相符。

8.3 科技企业创新能力成熟度评估应用

8.3.1 企业基本特点

从行业上看,高成长科技企业在战略新兴产业领域布局更多,有约 3/4 的企业属于战略新兴产业,高企占比其次,约有 2/3 的企业属于战略新兴产业,一般科技企业最少,仅有约 57.1% 的企业为战新产业(见图 8-4)。可见,高成长科技企业的行业赛道与国家战略导向更为契合。

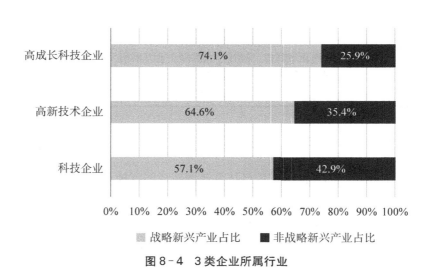

图 8-4 3 类企业所属行业

从企业成立时间上看,高新技术企业成立时间最久,64.6% 的企业成立时间在 16 年以上,20.4% 的企业在 11～15 年期间;高成长科技企业成立时间更集中在 11～15 年;科技企业成立时间相对最短,40% 的企业成立时间在 6～10 年(见图 8-5)。

从企业从业人员规模看,高成长科技企业吸纳就业能力较强,82% 以上的高成长科技企业从业人员规模超过 50 人,特别是 100～300 人规模的企业数量

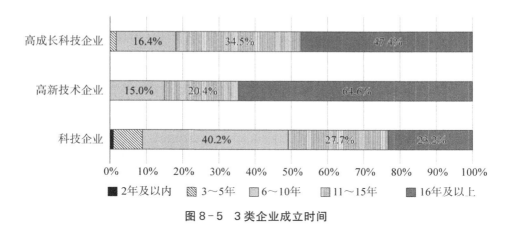

图 8-5　3 类企业成立时间

最多;科技型企业吸纳就业能力偏弱,66.1% 的企业从业人员规模小于 50 人,
50～100 人规模企业占比 16.1%;高新技术企业中有规模较大的企业,1 000 人
以上企业占比 12.4%,500～1 000 人企业占比 12.4%(见图 8-6)。

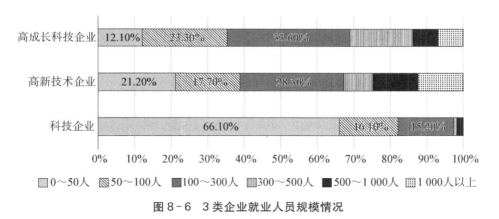

图 8-6　3 类企业就业人员规模情况

8.3.2　企业创新能力成熟度水平比较

　　3 类企业对不同问题,给予 1～5 分的重要性评价,根据企业所选重要性的
比例,乘以该指标的"分值"(1～5),得到该类企业对该指标的综合评分。将 3
类企业得分进行比较,可以分析 3 类企业在改项指标的差异。

　　(1) 创新战略。从创新战略的 5 个关键要素来看,3 类企业呈现梯级差异。
5 个问题中,认为对企业开展战略规划和组合管理最为重要,但一般科技企业对其重要性的认识明显低于高成长企业和高新技术企业。第二重要问题是企业制定新产品开发计划，高成长企业与高新技术企业均认为比较重要，综合得分接近 4 分。对于邀请外部专家协助制定企业创新战略，3 类企业均给出了低于 3 分的评分，表明该因素对于 3 类企业而言，不是非常敏感，也不适合用来评判企业创新战略的成熟程度。3 类企业创新战略评分比较见图 8-7。

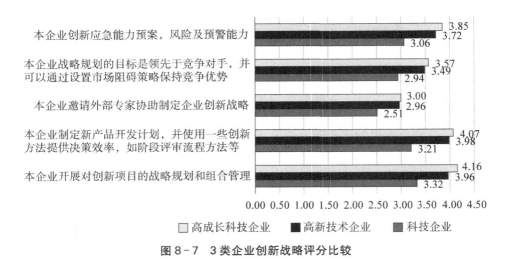

图 8-7　3 类企业创新战略评分比较

（2）创新文化。创新文化评分的 7 个关键要素中，企业高层具有创新精神，最重要，其次为对员工开展内部项目资助，以及给予物质或非物质的奖励；同时高成长科技企业、高新技术企业非常重视行业领军人才的培育，一般科技企业相对偏弱。6 个要素中，对企业表现学习组织的特征，高新技术企业认为非常重要，高于高成长科技企业。

3 类企业创新文化评分比较见图 8-8。

（3）创新过程管理。创新过程管理的 5 个关键要素中，企业建立研发投入核算体系被认为最为重要，其次是建立研发的组织管理制度，精细化的管理方式。对于企业顾客参与全过程而言，3 类企业有差异性，但重要性评分均不高（见图 8-9）。

（4）创新产品和服务。在创新产品和服务的 5 个关键要素中，任务产品销售与服务的结合被认为最为重要，其次为近两年有新的产品和服务进入市场，第三是企业主要产品份额排名居前，最末位是企业具有知名品牌（见图 8-10）。

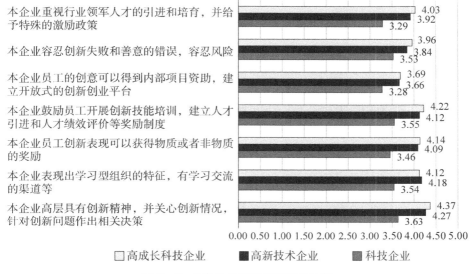

图 8-8 3 类企业创新文化评分比较

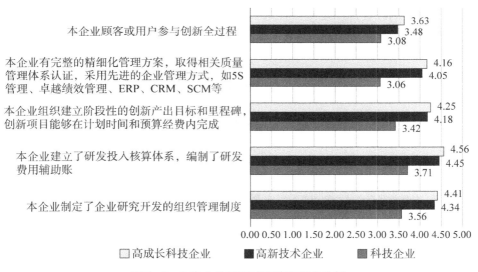

图 8-9 3 类企业创新过程管理评分比较

（5）知识管理能力。在知识管理及能力的 6 个关键要素中，3 类企业认为法律保护知识产权最为重要，高成长企业与高新技术企业的评分相近。其次为企业拥有完整的知识产权制度，对企业创新活动进行文档记录。3 类企业认为

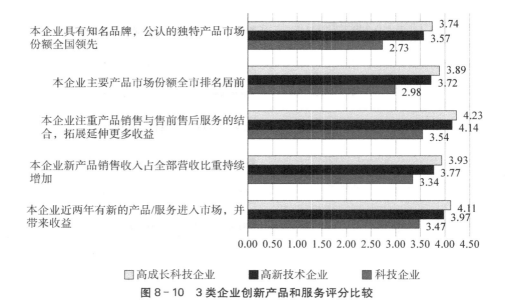

图 8-10 3类企业创新产品和服务评分比较

对企业参与国际标准制定重要性最低。这也表明 3 类企业目前还没有达到相应的国际标准制定的创新水平(见图 8-11)。

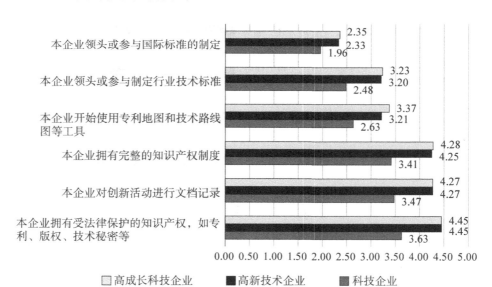

图 8-11 3类企业知识管理能力评分比较

（6）创新组织和网络。在创新组织和管理的 5 个关键要素中，三类企业认为内部设立研发机构最为重要，其次为企业拥有围绕创新任务的项目小组，第三位是开展多种形式的产学研合作。在与国内顶级高校院所的研发合作要素中，高新技术企业的积极性要更强，与国际顶尖机构的合作也是如此。这表明高新技术企业在创新的国际化和顶尖合作伙伴方面，更好于高成长科技企业（见图 8－12）。

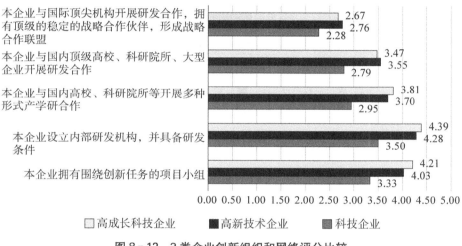

图 8－12 3 类企业创新组织和网络评分比较

8.3.3 企业政策需求分析

为进一步了解企业的政策需求，课题组设计了 3 个问题。

第一个问题是：本企业在自主创新中碰到的主要困难有哪些？根据反馈情况，可以看出，3 类企业均认为缺乏高层次创新人才是最主要的挑战。其次是研发费用投入太高，对企业利润和持续发展带来影响。第三位的困难是担心自主创新的转化成本太高。此外，一般科技企业对风险的危机意识更强，对融资的需求更强，也缺乏相应的技术装备（见图 8－13）。

第二个问题是：您认为目前为止，企业成功因素是？3 类企业均选择了明确的企业规划和战略，可见规划与发展战略对企业创新的重要性。其次是强大的研发能力。第三位次的关键因素，3 类企业选择不同。高成长科技企业认为拥有公认的核心技术是成功因素；高新技术企业同样如此；一般科技企业则认

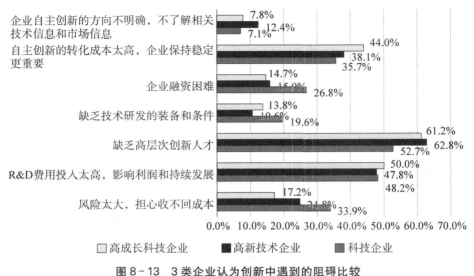

图 8 - 13 3 类企业认为创新中遇到的阻碍比较

为宽容的企业创新文化和拥有行业领军创新人才更为重要。企业均认为高端的产学研合作对企业成功的促动性最低(见图 8 - 14)。

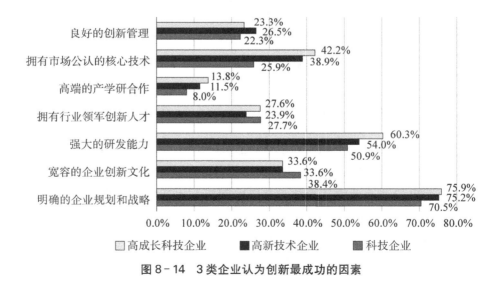

图 8 - 14 3 类企业认为创新最成功的因素

第三个问题是:您认为在提高企业自主创新能力方面以下政策的重要程度。从 3 类企业比较来看,"根据企业研发经费,按比例给予直接补贴"的重要性最高,高新技术企业达到 4.38;第二位是"保护知识产权,创造公平竞争的市场环境"；高新技术企业达到 4.35 第三位是"鼓励企业设立内部研发机构，资助企业开展产学研合作"；"开展企业家交流活动，搭建文化交流平台"的重要性最低，最低的科技企业认为只有 3.40（见图 8-15）。

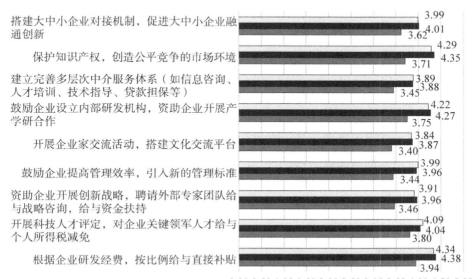

图 8-15　3 类企业最需要的政策

第 9 章

技术交易指数模型构建及长三角应用

技术要素是推进社会经济发展的重要生产要素,构建技术交易指数是支撑技术要素市场建设的重要工具。本章在研究相关技术交易指数文献基础上,梳理技术交易指数的功能框架,提出从宏观层面、要素层面、市场层级建立多维度的技术交易指数体系模型,并结合长三角区域数据对指数体系进行验证分析,以供参考。

9.1 研究背景

指数研究是支撑市场发展的重要工具,并被广泛应用于社会各领域。通过指数的分析可以较好地呈现区域、行业的发展趋势变化,对于引导区域、行业发展具有重要的应用价值。目前对于技术市场交易指数方面的研究可以分为学术界研究、市场发布类研究两类。此外,也有一些区域创新指数研究中使用了技术交易的概念和数据,作为反映区域创新的重要指标。

学术研究中,我国技术市场研究始于 20 世纪 80 年代末,更多研究偏重于技术市场发展现状、问题、模式等,对技术要素市场指数的研究不多。赵绮秋(2005)从技术商品特点和技术交易过程中的议价模式等对技术市场价格进行分析。国家发展改革委高技术产业司(2005)提出技术要素市场是重要的生产要素市场,对我国技术要素市场与价格形成机制面临的问题进行了研究。程海森(2017)以北京技术市场合同数据为来源,选取了包括技术合同成交额、合同类型等 14 个特征变量,采用特征价格模型编制技术市场价格指数,并进行了初步验证。刘军(2012)基于技术合同卖方和买方角度,对技术交易活动支撑区域经济发展贡献做出分析,重在测算技术市场对于经济发展的贡献度。在区域分析中,马艳艳(2014)基于省际技术交易合同,构建技术省际交易选择指数,测算技术输出指数和技术吸纳指数,并识别技术输出和技术吸纳中心。王微(2020)提出技术市场运行机制有待完善,技术市场与其他要素市场,特别是资本市场缺乏深层次互动。

在市场发布类的研究中,目前聚焦技术交易、技术市场类的研究主要是深圳技术转移指数、浙江科技成果转化指数。

(1)深圳技术转移指数。该指数于2018年首次发布,是深圳技术交易指数的构成之一,旨在通过深圳市技术合同认定登记情况来反映深圳市技术转移交易的活跃程度,并为以后构建技术转移总指数及其他子指数提供参考;指数按季度和年度发布,包括3类指数:技术转移交易指数、技术交易区域指数、技术交易行业指数。指标数量相对较少,以2006年为基期,体现季度波动。指标选取了合同项数、合同成交额及核定技术交易额这3项作为指标,并以2006年作为基期年。指数以50作为技术转移交易活跃强弱的分界点,表征技术交易活跃程度。

(2)浙江科技成果转化指数。该指数于自2016年起发布,2022年2月,浙江省科技信息研究院发布《2021浙江科技成果转化指数》,指数报告由创新研发、成果产出、成果交易和转化绩效4个分指数构成,包括10个二级指标以及21个三级指标,采用2015—2020年基础数据,分为省、设区市、县(市、区)3个层级,体现浙江省科技成果转化现状和趋势。从公开资料来看,成果交易分指数,主要包括技术合同交易额、技术合同项目数。转化绩效分指数,包括高新技术企业数量、高新技术产业等。成果产出分指数包括专利产出等。创新研发分指数包括R&D投入等。区域创新类等指数中也包含了技术交易的含义。目前较为关注的区域创新类的指数,国际化的指数有全球创新指数、亚太知识竞争力指数、创新城市指数、硅谷指数等,受制于数据限制,虽然没有采用技术合同,但相应的指标体系中也显示了对技术要素的重视。基于城市的相关指数包括上海科技创新中心指数、中关村指数等等,对技术合同金额等指标进行了采纳(见表9-1)。

表9-1 与技术交易指数相关的发布类指数研究成果梳理

类型	指数名称	主 要 内 容
技术转移(交易)类指数	深圳技术转移(交易)指数	2018年首次发布,是深圳技术交易指数的构成之一。其目的是构建具有"深圳特色"技术转移指数,了解深圳技术转移的活跃程度,及时监测其当下运行情况、未来发展趋势。指数按季

（续表）

类型	指数名称	主　要　内　容
		度发布，包括 3 个类指数：技术转移交易指数、技术交易区域指数、技术交易行业指数。指标选取了合同项数、合同成交额及核定技术交易额 3 项作为指标，并以 2006 年作为基期年
	浙江科技成果转化指数	自 2016 年起已持续发布 5 年，由创新研发、成果产出、成果交易和转化绩效 4 个分指数构成，包括 10 个二级指标以及 21 个三级指标，采用 2015—2020 年基础数据，分为省、设区市、县（市、区）3 个层级，展现浙江省科技成果转化现状和趋势
区域类创新指数	全球创新指数	由美国康奈尔大学、世界知识产权组织、欧洲工商管理学院合作研究。从知识创造、知识影响和知识扩散 3 个维度进行测度，核心指标包括：PCT 专利申请量、科学技术类文章发表量；单位劳动者创造 GDP 增长率、新产业产值/千人、高科技制造业产值增长率；版权和专利费收支占贸易额比重、高科技产品出口比重、对外投资占 GDP 比重等
	亚太知识竞争力指数	亚太知识竞争力指数是在总部位于英国的国际竞争力中心支持下，由上海市知识竞争力与区域发展研究中心、国际竞争力中心亚太分中心、中国城市治理研究院等单位联合研制完成，自 2010 年起连续发布。指数对亚太 33 个领先地区用 19 项指标进行评估，综合反映了各地区将知识资本转化为经济价值和居民财富的能力
	创新城市指数	澳大利亚智库 2thinknow 构建的《创新城市指数》更多地关注影响城市创新的因素，强调经济活动中创造、实施以及思想交流方面的城市潜力。该指标体系总结了城市的 3 大要素来体现上述潜力，分别为文化资产、人类基础设施和市场网络
	硅谷指数	硅谷社区基金会和硅谷合资企业发布的《硅谷指数》，分析硅谷经济成长与社区发展情况，突出挑战，从而为领导层和决策者提供分析基础的年度报告。该报告使用了 3 层指标体系，包含 5 个一级指标，16 个二级指标以及 55 个 3 级指标
	上海科技创新中心指数	自 2016 年起，上海市科学学研究所组织开展上海科技创新中心指数的研究与编制工作。报告着眼于创新资源集聚力、科技成果影响力、新兴产业发展引领力、区域创新辐射带动力和创新创业环境吸引力"五个力"，构建了包括 5 项一级指标，共计 32 项二级指标的上海科创中心指数指标体系，并以 2010 年为基期（基准值为 100），计算得出 2010—2019 年的上海科技创新中心指数分值
	中关村指数	2005 年 1 月，北京市统计局和中关村科技园区管理委员会首次发布"中关村指数"。"中关村指数 2021"包含创新引领、双创生态、高质量发展、开放协同、宜居宜业 5 个一级指标，11 个二级指标，35 个三级指标，以 2013 年为基期，进行测算合成

总体而言,目前学术界对于技术市场方面的研究较多,但基于技术要素交易指数的研究尚不多。从发布类指数来看,深圳开展了技术交易指数的探索,浙江更加偏向于区域创新类的指数。总体而言,目前的技术交易指数在理论和实践层面都需要进一步的探索。特别是需要建立符合国家战略导向,符合我国技术要素市场建设需求,对宏观经济、微观市场等发展能够起到真正作用的指数体系,进一步激发技术市场要素的核心价值,提升技术市场的活跃度,真正发挥市场作用。

9.2 技术交易指数体系多维模型

技术要素是生产要素之一,也是推动创新发展的关键要素。基于上述研究,本研究认为上海技术交易指数不是单一的指数,而应当构建"指数体系",从而满足不同需求。基于宏观需求、要素匹配、微观应用等方面,构建 3 个维度的指数体系,在宏观层面、要素层面、市场应用层面发挥相应价值。

9.2.1 宏观层面指数

从宏观经济发展看,技术交易指数应当成为引导市场发展,支撑政策制定,发挥市场预警和指引价值。对标国家战略导向,特别是技术市场对于驱动区域高质量发展的重要作用,包括趋势发展指数,特别是满足《"十四五"技术要素市场专项规划》中提出的交易统计监测、大数据风险预警等功能。主要指标应当包括体现技术市场最核心的指标,技术合同金额、技术合同项目数量、技术交易金额、技术合同金额占 GDP 比重等,时间维度上应当体现为年度、季度的特点。

从实际案例来看,深圳技术交易指数就是一种反映市场长周期,并发挥了一定预警价值的指数,具有宏观指数的特点。其表现行为为周期长,观测点多,并具有一定的及时性。其表现形式主要为长周期曲线图。

9.2.2 要素层面指数

从要素层面看,技术作为重要的生产要素之一,在技术交易指数中也要体现其融合功能。技术要素与资本要素的融合,则体现为技术价格指数,不同细分领域的技术合同价格,为支撑成果转化中的价格确定提供重要的参考。技术要素与土地要素的融合,土地也表现为空间特征,技术交易具有空间扩散的特点,包括了跨区域的技术流动,也有不同地区之间的差异性比较和特质,同时不同空间维度的指数表现也有所差别;呈现为区域技术交易指数、区域流动技术交易指数、区域技术交易中心与边缘指数等。技术要素与人才要素融合,体现为技术人才发展的跟踪指数,党的二十大报告中提出了"科技是第一生产力、人才是第一资源、创新是第一动力"的三个第一,技术要素市场建设中各类人才也是第一资源,技术要素市场指数,应当有一个维度体现技术人才发展状态,具体包括技术经理人、技术管理人才、技术经理人等指标。技术要素与数据要素融合,体现为技术数据交互指数,应当发挥市场监管职责。不同数据与技术要素之间的匹配,例如知识产权的数据、政策工具类数据、论文数据等,可以基于技术合同登记中的机构、人才进行相应的匹配,从而形成更加开放、丰富的指数体系。实际应用案例包括与技术交易数据相关的区域技术辐射指数、区域协同创新指数、技术交易价格指数等。

9.2.3 市场层面指数

技术要素也是一种商品属性(陶纪明,2002)。从市场应用而言,技术交易指数应当成为一种"产品",包括指征技术价格,基于技术交易的金融产品或者相应的服务产品和工具,重点在于面向市场需求,具有市场价值。技术交易指数表现为"产品属性",更加面向市场和用户需求,例如提供基于技术交易的相关金融服务产品、金融增信产品、技术咨询报告、技术询价报告,以及相应的成果转化服务产品。实际应用案例中,例如山东××技术价格自测工具,企业输入自己技术内容与关键点,则可以进行自测,或邀请行业专家进行初步评估。

从宏观层面、要素层面、市场层面3个角度来看,越是宏观,则表现为指标周期越长,指标体系构建以反映宏观经济发展趋势的指标为主,例如 GDP、区域知识产权数量、高科技企业数量、初创企业数量等;越微观,则表现为指标周期越短,指标体系越为反映企业微观运行情况,重在及时有效地反映市场变化,指标包括企业个体的创新表现、人员、专利等,设计企业创新画像(见图 9-1,表 9-2)。

越宏观，指标周期越长，反映发展规律

宏观层面：指引市场发展
宏观决策参考
政策制定依据
预警与引导机制
政策支撑

要素层面：要素融合创新
技术＋资本
技术＋区域（空间、长三角）
技术＋人才
技术＋多元数据
监管服务

市场层面：市场主体
价格区间
数据产品
服务工具
市场引导

越微观，指标周期越短、越及时

图 9-1 技术交易指数分层体系图

表 9-2 技术交易指数体系分层模型功能与特点

指标	主要功能	主要指标	时间维度	呈现形式	应用主体
宏观层面	体现市场发展宏观趋势、活跃程度，对区域经济社会发展的支撑性。引导市场发展，支撑政策制定，发挥市场预警和指引价值	技术合同成交额、技术合同成交项目数量、技术合同登记主体数量等；GDP、R&D 等数据	10 年以上的年度、季度	年度性（季度性）技术市场发展周期指数、技术活跃指数等	政府管理部门
要素层面	嫁接资本、人才、区域、数据等要素，形成复合指数，更好地体现不同层面的需求	单笔技术合同金额、技术经纪人数量、跨区域技术合同流动金额和数量、相关论文数据、专利数据等	年度、季度	区域辐射技术指数、区域技术协同创新指数、分行业技术价格指数、技术人才指数等	政府管理部门、技术市场监管部门、金融部门、人社部门等
市场层面	服务市场化主体，形成企业服务的指数产品，形成数据的市场化应用，形成指数产品和研究的良性循环	企业相关创新数据、技术合同金额；科技成果评估指标；知识产权转让等价格数据等	月度、单日	企业技术增信报告、科技成果评估自测工具等	市场化技术服务平台机构、技术交易所等

9.3 宏观技术交易指数构建

基于上述分析,选取宏观指标体系进行模型构建,重在反映长三角区域技术市场发展宏观趋势、活跃程度以及对区域经济社会发展的支撑性。引导市场发展,支撑政策制定,发挥市场预警和指引价值。

9.3.1 模型原则

模型原则具有以下 3 个特性。

一是科学性。评价指标的选取和解释、数据的计算和来源具有科学依据。

二是综合性。技术交易指标体系是一个有机整体,涉及科技、经济、贸易等多个方面。因此评价指标体系应立足于系统的角度,尽量全面、完整地反映技术交易的状况,从各个不同角度反映技术交易的优势与短板,以尽可能体现技术交易的整体状况。

三是数据可获性。客观权威的评价指标需要数据支撑,由于一些指标难以量化或者缺乏相应的数据,本书尽量选择具有代表性的指标,并且有可靠的数据来源、计算方法不太复杂,以便评价指标具有理论和实践意义。

9.3.2 指标体系

从交易规模、交易质量、开放合作、交易活跃度和经济驱动 5 个维度构建指标体系(见表 9 - 3)。

表 9 - 3　指数指标体系

维度	具体指标
交易规模	技术合同成交金额 技术合同数 技术交易额
交易质量	涉及专利的技术合同成交金额占比 技术开发合同成交金额占比 单笔技术合同平均成交金额

（续表）

维　度	具　体　指　标
开放合作	流向上海以外技术合同成交金额占比 流向江浙皖区域技术合同成交金额占比 技术进口合同成交金额占比
交易活跃度	流向江浙皖区域技术合同成交金额占比 技术进口合同成交金额占比
经济驱动	技术合同成交金额占 GDP 比重 科学研究和技术服务业合同成交金额占比

（1）交易规模。用以反映总体技术市场发展情况，包括 3 个子指标：技术合同成交金额、技术合同数、技术交易额。

（2）交易质量。技术市场发展不仅需要考虑总量，更要注重质量，因此，设定 3 个子指标：涉及专利的技术合同成交金额占比、技术开发合同成交金额占比、单笔技术合同平均成交金额。

（3）开放合作。用以反映上海技术市场区域联合交易情况，包括 3 个子指标：流向上海以外技术合同成交金额占比、流向江浙皖区域技术合同成交金额占比、技术进口合同成交金额占比。

（4）交易活跃度。反映市场的活跃情况，包括 2 个子指标：技术合同登记主体数同比增幅和单个技术合同登记主体平均成交金额。

（5）经济驱动。用以反映技术市场对经济增长贡献度，包括 2 个子指标：技术合同成交金额占 GDP 比重和科学研究和技术服务业合同成交金额占比。

9.3.3　计算方法

评价方法上，参考欧盟国家创新绩效评价，同时也是国内创新评价流行的方法，即综合指数评价方法进行指数计算。指数合成分为 3 个步骤：第一步是明确指标权重，第二步是对个体指标进行无量纲化的标准化处理，第三步是按照指标体系层次逐层合成指数。

（1）采取等权重法。对指标体系的权重处理方法一般有等权重法和非等权重法两种。本书采用等权重法。即采用逐级等权法分配权数，即若划分

n 个分领域,那么各分领域的权数均为 $1/n$,在某一领域内指标个数的倒数就是每一指标的权重。《国家创新指数报告》《中国创新城市评价研究》等国内著名创新指数,均采用了等权重法,以及近两年开展创新指数评价实践的陕西、青岛等省市也采用了此法。中国科学技术发展战略研究院的专家在实践后认为,等权重法是平衡不同地域发展水平和发展特色评价的较佳方法。

(2)指标标准化处理。个体指标标准化处理采用设置目标值法和国际流行的标杆分析法相结合。设置目标值法——实际值与目标值相比较,先设定各基础指标的目标值,将各基础指标均视为(或调整为)趋高为好的指标,计算公式为:

$$指标分值 = 200 \times \frac{实际值 - 基年值}{目标值 - 基年值} + 100$$

个体指数的计算采用国际上流行的标杆分析法(benchmarking),即洛桑国际竞争力评价采用的方法。该方法是目前国际上广泛应用的一种评价方法。技术交易年度指数指标标准化处理采用基准年法。此方法有利于对城市纵向时间进展的比较分析。

(3)指数合成方法。按照指标体系层次,以线性加权法逐层合成,直至计算出综合指数。

9.3.4 数据来源

数据来源于上海市技术合同登记相关数据和市级 GDP 数据。在计算的过程中,根据上海市技术市场技术合同登记数据和 GDP 数据,对数据进行分析整理,按年度进行数据汇总,从 5 个维度,采集 13 个关键指标,最终形成上海市年度指数。

9.4 研究结论与启示建议

9.4.1 研究结论

(1)上海技术交易指数总体呈现上升态势。上海技术市场总体发展态势较好,2017 年之后呈现稳步上升趋势。2011—2022 年,上海技术交易市场呈现上升趋势，从2011年基期100，上升到2022年的191.47，增长率达到91.47%，表明上海技术市场综合发展态势良好。

从阶段划分来看，上海技术市场指数表现出"2个阶段"特点。第一个阶段为2011—2016年，指数呈现缓慢波动态势。以2011年为基期，个别年份呈现下降特点，2014年达到最低值，仅为89.92，表明该年份技术市场发展呈现一定弱势。第二阶段为2017—2022年，指数大幅度上升。这一阶段上海科创中心建设加快步伐，技术市场制度体系进一步完善，也极大地促发了上海技术市场的迅猛发展，指数跃升到2022年191.47，并呈现连续年上涨态势。这表明技术市场综合发展趋势较好（见图9-2）。

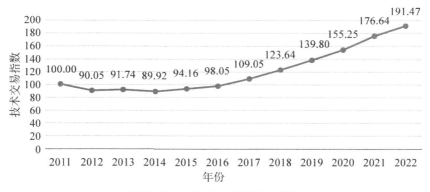

图9-2 上海技术交易年度指数

（2）交易活跃等成为支撑技术市场发展的因素。2022年指数上涨主要得益于交易规模维度、经济驱动维度、交易活跃度维度的快速提升。经济驱动子指数增幅最快，比2011年基期值增长了151.46%；其次为交易规模子指数，比2011年基期增长了127.68%；交易活跃子指数增长了76.36%。相对而言，2022年比2011年开放合作维度增幅为48.03%，交易质量维度增幅为53.85%，增速相对其他维度表现偏缓；表明上海技术市场在开放协作、发展质量方面仍需进一步加大力度。2022年上海技术合同成交额4 003.51亿元，全国排位第三（北京、广东分列第一、第二），占全市GDP比重9.0%，比上年大幅提高2.6个百分点（见图9-3、图9-4，表9-4）。

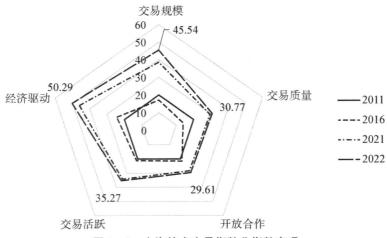

图 9-3　上海技术交易指数分指数表现

图 9-4　交易规模子指数表现

表 9-4　2022 年主要省市技术合同交易成交金额、GDP 排名

地区	技术合同交易成交金额/亿元	技术合同技术合同交易全国排名	技术合同交易排名比上年度情况	2022 年 GDP全国排名
北京	7 947.51	1	不变	13
广东	4 525.42	2	不变	1
上海	4 003.51	3	不变	11
江苏	3 888.58	4	不变	2
安徽	2 912.63	8	下降 1 位	10
浙江	2 546.50	9	上升 1 位	4

（3）技术市场成为驱动经济发展的重要力量。技术市场的蓬勃发展为上海经济发展提供持续动力。从指数表现来看，经济驱动子指数表现较好，在2015年触底反弹，与2011年基期相比，均有较大幅度提升。2022年经济驱动子指数为50.29，约为2011年基期的2.5倍。近年来上海技术市场规模持续扩大，相对于GDP的比重快速提升，从2013年的2.9%提高到2022年的9%，对经济发展贡献度越发显现（见图9-5、图9-6）。

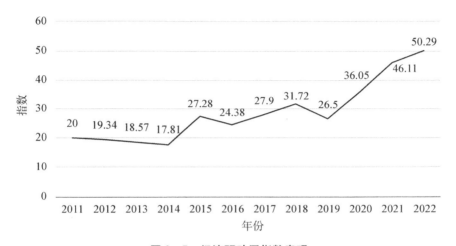

图9-5 经济驱动子指数表现

图9-6 上海技术交易合同金额及占全市GDP份额

（4）技术市场助力全市高新产业高质量发展。战略性新兴产业居于上海技术市场主导地位，是上海技术市场最重要的产业构成。2011年以来，电子信息、航空航天、核应用、环境保护、生物医药、先进制造、新材料、新能源等符合上海产业发展导向的 8 大类技术领域合同金额占比仍居主导地位,金额占全部份额均超过 72%,2016 年达到最高点,占比为 93.65%。技术引进无疑会促进产业升级发展,技术出口则是产业发展质量提升的佐证。上海技术市场成为助推科技服务业的重要力量。科技服务业指运用现代科技知识、现代技术和分析研究方法,以及经验、信息等要素向社会提供智力服务的新兴产业,主要包括科学研究、专业技术服务、技术推广、技术咨询、知识产权服务等活动,是推进上海服务业高质量发展的关键产业。

(5) 技术市场国内外协同创新水平持续提升。从开放协作维度看,2011 年以来上海技术交易质量呈现波动上升态势,2022 年开放协作子指数达到 29.61,比 2011 年基期值增长了 48.03%(见图 9 - 7)。这说明随着 2013 年 9 月中国(上海)自由贸易试验区的设立,持续试点投资贸易便利化的制度改革创新,上海的对外开放程度在不断提升。

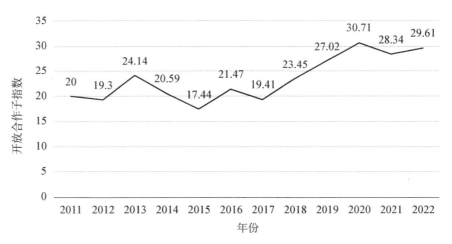

图 9 - 7　开放合作子指数表现

从国际吸纳技术合同来看,上海国外技术引进合同金额全国占比接近 1/5,占长三角地区比重约为 43.37%,是长三角地区以及我国技术国际引进的最重要地区。长三角区域是我国技术引进的主要区域,2021 年国外技术引进合同数量和合同金额全国占比约为 1/2 和 2/5,比十年前(2013)分别提高了 12.5、7.2 个百分点。2021 年,长三角引进国际技术 3 327 项,约为京津冀区域的5倍、粤港澳区域的8倍,占全国的比重为55.24%(见图9-8)。

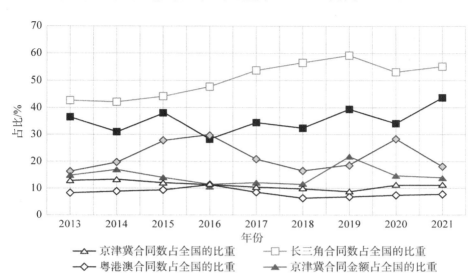

图9-8 三大区域国际技术交易合同数量和金额占比情况

(6)技术市场更加活跃。从交易活跃维度看,2011年以来上海技术交易活跃度呈现波动上升态势,与技术交易指数总体保持一致上升趋势。2022年技术活跃指数达到35.27,比2021年基期增长了76.36%。2016—2018年期间,活跃指数居于总指数上方,带动效应更为明显(见图9-9)。

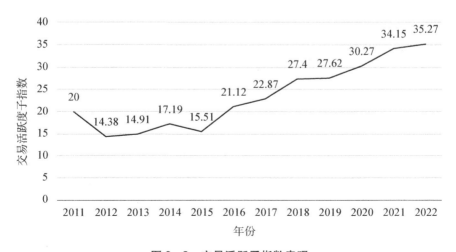

图9-9 交易活跃子指数表现

（7）技术市场质量逐步上升。从交易质量维度看，2011 年以来上海技术交易质量呈现波动上升态势。特别是 2016 年交易质量指数较低，2017 年有所回升，2021 年出现回落。2022 年为 30.77，比 2011 年基期值增长 53.85%（见图 9-10）。

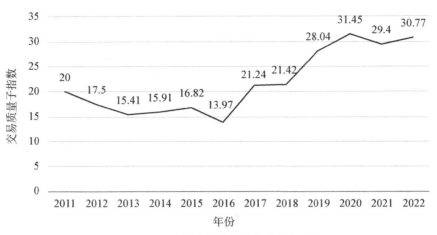

图 9-10　交易质量子指数基础指标表现

从构成质量的 3 个指标来看，交易质量指数呈现波动态势，主要受到涉及知识产权合同金额占比、技术交易额占比 2 个指标影响。从单笔合同金额来看，该指标呈现持续上升态势，2022 年达到 1 046.26 万元，是 2011 年基期的 5.6 倍，表明上海技术合同单笔金额持续增强，单笔技术合同含金量不断提升（见图 9-11）。从涉及专利合同占比看，从 2011 年占比 7.6%，增长到 2022 年

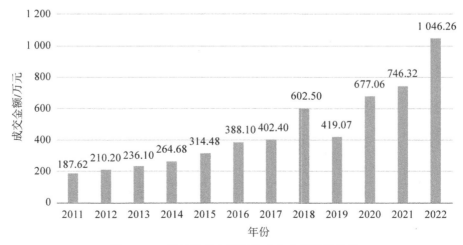

图 9-11　单笔技术合同平均成交金额发展趋势

的 23.6%,相当于 2011 年基期的 3 倍,表明专利技术含量有所提升;但该指标在 2016 年出现低谷,仅为 3.11%,因此影响了质量指数的提升。

9.4.2 启示建议

技术要素是重要的生产要素,构建基于技术交易为核心数据的技术交易指数体系,是支撑技术要素市场高质量发展的重要手段。课题组综合梳理了关于技术要素市场、技术交易指数等方面的战略需求,基于理论与实践的研究基础,提出技术交易指数需要构建宏观层面、要素层面、市场层面,这 3 个层次的多维度指数体系。通过多维度技术交易指数体系,能够更好地使用技术相关数据资源,同时满足宏观决策、市场预警、要素融通、微观需求等不同层面的要求,从而真正发挥技术要素和技术类数据的"生命力",形成具有宏观经济指导、微观市场发展等多重功能的指数体系。

对于不同区域、不同级别的行政部分、监管单位、市场运行主体,对技术交易指数体系的功能可以有选择地构建。基于前述研究基础,本文认为构建技术交易指数,着重需要把握以下 3 个方面的关键点。

(1)首先要构建技术交易指数体系的组织架构。目前技术交易指数的构建还缺少更多实践,理论研究也相对不够完善,因此理论与实践探索要形成更加复合的构架体系。省市政府、科技部门、金融部门、技术市场管理和服务机构等对交易指数的需求点不同,因此要明确主体,基于主体需求,形成工作方案和研究梯队。同时特别要注重把握 5 个环节:把握市场发展宏观趋势,把握技术市场发展的热点领域,把握指标的横向比较,把握技术指数的实际应用,把握各类要素以及部门之间的相互协作和沟通。在综合考虑的基础上,形成基于顶层设计的、包含多部门、多数据来源的工作框架体系。

(2)要选择不同类型的指数进行分析和数据验证。不同应用主体应当选择不同类型的指数进行验证分析。政府机构注重发展趋势研判,以及市场预警机制的构建,则应当采用长周期、宏观指数。金融部门、人社部门等应用技术交易指数,应当与科技管理部门形成相互连通、数据合作模式,打造复合型的指数。对于公司属性的技术交易服务机构、技术交易所等,应当体现技术要素的商品价值,将指数开发成为指数类产品,对于服务市场主体提供增信产品或者相应的服务工具,从而使指数更加具有市场应用性和生命力。

(3)要注重相关数据指标的匹配和更新。不同数据来源不同,如何打通不同数据的标准化,形成基于主体或者基于交易本身的数据至关重要。由于目前数据资源分散监管,论文、专利、技术合同、科技企业等数据相对分布在不同的管理部门,数字资源的打通也有瓶颈制约。因此要注重不同维度技术交易指数体系的融合呈现;基于底层数据的标签更新与连接;不同类型数据之间的链接和交互,如专利数据、技术数据、工商数据的交互;数据及时更新,数据标签化的市场有效,确保用户能及时发现,进一步做好数据的及时更新和复合利用。

长三角区域创新"十五五"发展战略思考

"十五五"时期是我国面向 2035 年基本实现现代化承上启下的关键期,是长三角区域加快更高质量一体化发展、打造具有全球影响力的长三角科技创新共同体的关键期。谋划好"十五五"战略布局,是指引下一阶段长三角区域创新的关键举措。本章基于"十五五"区域创新谋划的战略背景,基于前文热点领域跟踪研究,提出"十五五"长三角区域创新规划制定的重要着眼点,并提出 6 个方面的路径建议,以供参考。

10.1 "十五五"区域创新发展宏观形势

党的二十届三中全会提出,要总结评估"十四五"规划落实情况,切实搞好"十五五"规划前期谋划工作。"十四五"已经过半,谋划"十五五",正当其时。"十五五"时期是实现第二个百年奋斗目标的第一阶段任务,是我国面向 2035 年基本实现现代化承上启下的关键期,也是长三角区域加快更高质量一体化发展,确保建设成为具有全球影响力科技创新高地的关键五年。科学编制和实施五年规划,准确研判内外部环境变化,是长三角更高质量一体化发展的基础保障,也是长三角高质量发展的强大动力。科学制定"十五五"规划以及相关战略举措具有重要现实意义。需要进一步厘清"十五五"时期面临新的机遇与挑战,找准方向和目标定位,查摆差距明确发展方位坐标,找准路径方法。

从国际形势看,世界正处于百年未有之大变局。世界之变、时代之变、历史之变正以前所未有的方式展开。从变化的角度来看,主要体现为国际形势之变、技术发展之变以及创新范式方式之变。从区域创新影响来看,主要体现为4 个方面:

(1) 世界经济增长动能不足,外部环境带来不确定性上升。经济全球化遭遇逆流，南北差距、复苏分化、发展断层、技术鸿沟等问题更加突出，未来一个时期经济全球化难有重大进展。中美贸易摩擦、新冠疫情、俄乌冲突等一系列不稳定不确定不安全因素，进一步阻碍了经济全球化格局，国际合作走向区域化、生产分工走向近岸化。受到技术贸易保护主义影响，大国科技博弈的艰巨性、紧迫性、严峻性急剧增加，跨国公司属地研发动力不足，不利于知识和技术溢出，阻碍区域经济一体化发展。地缘政治博弈更趋激烈复杂，2024 年被国际舆论称为"超级选举年"。据媒体不完全统计，包括美国、俄罗斯、英国、印度等在内的超过 70 个国家和地区进行政治选举，选举结果或将对国际政治与经济以及地区安全局势产生深远影响。这种不确定性的增强，对区域而言需要提高发展战略定位，着眼于国家竞争实力的提升，强化科技自立自强和创新策源功能，加快培育新质生产力。

（2）新一轮科技革命与产业变革带来的机遇与挑战。在"十五五"时期，新一轮科技革命和产业变革将深入发展，为各国带来前所未有的机遇和挑战。科学研究向极宏观拓展、向极微观深入、向极端条件迈进、向极综合交叉发力，不断突破人类认知边界。技术创新进入前所未有的密集活跃期，人工智能、量子技术、生物技术等前沿技术集中涌现，引发链式变革。随着数字经济的蓬勃发展，人工智能、大数据、云计算等新兴技术将进一步融入各行各业，推动产业结构的优化升级。同时，绿色经济、生物经济等新兴产业也将成为推动经济增长的重要力量。以智能化为特征的新一轮科技变革正在深刻地影响了社会发展，既可以极大地提高生产效率，但同时全面自动化和智能化隐藏着如失业、下岗等各种社会风险。同生并存的"危"与"机"将要求区域创新战略制定中，要抓住机遇，同时也要防范和化解风险，推动经济社会的良性循环和可持续发展。

（3）创新范式变革下需要从创新生态构建角度推进新一轮区域创新。20世纪 90 年代以来，随着日本经济陷入停滞，美国硅谷的迅速崛起，理论界认为区域创新生态系统更能支撑和解释区域创新的动力机制。不同于区域创新系统理论，区域创新生态系统强调动态性和演化性、自组织性；区域创新生态系统是一种超越产业集聚和区域网络的组织机构，具有复杂、动态和自适应特征。基于这一创新范式，强调了区域创新需要建设更加具有特色的区域创新生态系统，强化了"根植性"；强调了以企业为主体的生态系统演化特征，丰富各类创新种群；强调了要营造更加优良的创新生态氛围，构建包容的创新文化和氛围；强调了要在注重大企业、大院大所的基础上，也要注重培育未来潜力企业，强化预孵生态和高质量孵化服务功能。

（4）建设全面创新体制机制面临阻力，改革任务依然严峻。党的二十届三中全会审议通过了《中共中央关于进一步全面深化改革、推进中国式现代化的决定》，提出要"构建支持全面创新体制机制"，加快发展新质生产力，把深化科技体制改革摆在重要位置。特别是当前我国原始创新能力还不强，科技投入产出效益不高，关键核心技术"卡脖子"问题仍然比较突出。适应我国科技事业新的历史方位、发展要求，破除制约科技创新的制度藩篱，应对科技领域重大风险挑战，要求我们持续深化科技体制改革，走好走实中国特色自主创新道路。

10.2　"十五五"区域创新战略布局的系统思考

"十五五"时期是实现第二个百年奋斗目标第一阶段任务，是我国面向2035 年基本实现现代化承上启下的关键期，做好"十五五"谋划布局具有重要的战略意义。要从时间维度、空间维度、要素维度、改革维度，系统看待"十五五"规划重点；从创新策源、技术革新、产业创新、系统生态角度，全链条式推进重点任务部署；同时要注重保障机制、政策工具、改革举措相互协同，上下协同、区域协同、部门协同，形成体制改革与创新政策合力。

（1）从宏观角度看，坚持时间、空间、要素、改革 4 个维度系统布局。从时间维度看，把握好承上启下的关键五年。"十五五"规划处于 2020—2035 中长期规划的中间阶段，因此具有更为关键的承上启下作用，既要着眼于"十四五"时期的起步基础，也要兼顾面向 2035 年目标的实现，查摆不足，找准当期关键问题，从而为 2035 年目标的时间建立坚实的基础。

空间维度方面，要把握好区域特色与协同发展。区域创新规划的落脚点在于"区域"，区域创新发展的关键在于强化特色差异化的布局，同时着眼于更大空间范围内的协同发展，从而形成区域合力。当前，我国正在积极推进建设高标准市场体系，防止各地搞自我小循环，着力于打消区域壁垒，真正形成全国统一大市场。区域创新是践行统一大市场建设的重要实践场所，在坚持区域特色布局中，兼顾协同发展。

要素维度方面，把握好五大生产要素的统筹布局。2020 年 4 月，中共中央、国务院发布《关于构建更加完善的要素市场化配置体制机制的意见》，对土地、劳动力、资本、技术和数据五大要素市场化配置进行了系统安排。2024 年 7

月审议通过的《中共中央关于进一步全面深化改革、推进中国式现代化的决定》提出,完善要素市场制度和规则,推动生产要素畅通流动、各类资源高效配置、市场潜力充分释放。区域创新发展中,要系统谋划五类要素的功能定位,从创新所需要的土地资源、科技人才、科技金融、技术创新、创新数据等角度进行统筹布局。

改革维度方面,把握好全面深化改革和科技体制改革的统领性作用。《中共中央关于进一步全面深化改革、推进中国式现代化的决定》,要求"构建支持全面创新体制机制",其中对"深化科技体制改革"做出系统部署。科技体制改革是构建支持全面创新体制机制的重要内容,是激发全社会创新创造活力的关键举措。通过科技体制改革,破除阻碍创新发展的堵点和难点,为激发创新活力、释放创新潜力、增强创新动力。

(2)从创新链条角度看,要坚持从策源、技术、产业、生态的全链条式推进。创新策源是区域创新的根本,是创新的源头,以基础研究为核心支撑,以各类国家战略科技力量为主要推进主体。从区域创新来看,具有国际竞争力的创新中心,都具有相应的创新策源中心。例如,美国硅谷的斯坦福大学、英国伦敦创新三角区的牛津和剑桥,从策源的角度为区域创新发展提供了不竭的科技支撑供给。创新策源具有集中性,区域创新布局中应当考虑并非所有地方都应具备策源功能。

技术创新是区域创新的重要功能,是以应用和产业化为导向,以各类科技企业为推进的重要主体。对于区域创新体系而言,技术创新的关键在于具有核心关键技术掌控能力和共性关键技术突破能力。同时技术链的"不断链"也至关重要,特别是当前技术复杂程度日益提升,技术交互变得日益频繁,也催生了技术市场的繁荣发展。技术创新能力与技术扩散、技术吸纳能力都对区域创新有重要影响。

产业创新是区域创新持续性的关键保障,以具有国际或者国内竞争力的产业集群为主要标志,以高科技企业、独角兽企业、未来产业领域中小科技企业为核心主体。区域发展不可能一成不变,通常要经过不同代际的升级和重构。例如硅谷经历从最初的"半导体",到"个人计算机",到"互联网",到现在的"人工智能、生物医药"等,经历了不同时期的产业革新。从区域来看,产业的发展需要具有独特的产业比较优势,具备相应的产业集聚基础,产业链上下游的相对完整,领军企业的核心作用。

区域创新生态体系是确保策源、技术、产业三者顺畅循环的关键,由科技平台、科技服务、科技人才、科技金融、人居环境等核心要素构成,以具有竞争力的创新产业不断更迭涌现为标准。创新的可持续性非常重要,往往有些区域在初始阶段发展较快,但受到外部市场冲击,就缺乏应变能力,从而失去区域竞争力。良好的区域创新生态系统,可以通过内部不同主体的相互作用,实现生态系统的动态平衡,进而促进自身演化发展,具有良好的自组织成长性。从区域创新规划方面,不仅仅需要谋划各类主体的单个布局,还要注重主体之间的合作关系,通过科技平台、科技服务、科技人才、科技金融等串联起创新主体间的有机互动,促进区域创新的可持续发展。

(3) 从协同举措角度看,要注重央地协同、跨区域协同、跨部门协同。

央地协同是确保各类政策落实到位的重要保障。首先是要注重国家发展重要规划与战略部署,紧跟国家发展需求,明确地方发展方向。特别是重点改革举措,地方要注重贯彻,确保改革政策落实到位。其次是要强化不同主体政策的协同一致,例如目前中央在沪单位、中科院在沪单位等,其在成果转化方面的政策与上海本地院所、企业等不一致,不利于政策效果的发挥。

跨区域协同是区域创新政策的重要内容。从创新角度来看,包括技术跨区域协同政策,例如在长三角区域内,强化内部分工,强化上海在创新中的龙头带领作用,鼓励各地差异化发展,优势互补。产业政策的跨区域协同,避免相互之间出现恶性竞争,避免出现部分企业为了享受地方政策而迁移的情况出现。从构建区域统一大市场的角度,区域创新应当发挥示范作用,率先在技术大市场、数据大市场等方面推进试点,促进技术要素的市场化流动。

跨部门协同是区域创新政策取得良好效果的重要保障。科技创新不仅仅是科技部门的工作,涉及土地、劳动力、资本等各类监管部门。从综合规划部门制定统一战略,到城市规划部门的空间布局,人保部门的人才保障等政策,以及各类资本监管部门的科技企业融资上市政策,对区域创新的影响力较大。因而区域创新更加需要跨部门的协同,特别是当前科技创新重在科技与产业的融合发展,科技管理布局与产业部门的相互支持和配合更为凸显。

10.3 "十五五"长三角区域创新发展路径建议

国际经验表明,城市群战略发挥着国家经济社会发展的增长极作用,是推进高质量发展和参与国际竞争的主要平台。美国东北部大西洋沿岸城市群、五大湖城市群、日本太平洋沿岸城市群等世界五大城市群均以科技创新为核心竞争力,通过发展规划的不断完善、基础设施的互联互通、产业的分工协作、创新的协同联动等逐渐崛起成为各国提升经济实力、参与国际竞争的主要平台。

基于上述考虑,"十五五"时期,长三角区域创新发展既要注重系统布局,从宏观维度、链条维度、协同维度强化战略系统思考,也要抓住关键因素、关键主体,强化点上突破与系统布局相结合。着眼于中长期规划目标的实现,提出"1+6"的发展路径,"1"既坚持高质量一体化发展目标定位,"6"既抓住关键要点,实施6个方面的专项行动。

要强化目标引领,科学谋划"十五五"长三角区域创新发展定位。《长三角科技创新共同体建设发展规划》提出,2025年形成现代化、国际化的科技创新共同体;2035年全面建成全球领先的科技创新共同体。《中共中央关于进一步全面深化改革　推进中国式现代化的决定》明确,要推动京津冀、长三角、粤港澳大湾区等地区更好发挥高质量发展动力源作用。基于时空视角,立足"十四五"中后期,面向2035目标,长三角区域创新发展,需要发挥创新资源集聚功能,凸显高质量发展引领作用,着力强化国际竞争力,以打造高水平创新主体为抓手,培育一批一流创新机构,集聚一批世界一流高校、科研机构和创新企业,着力打造国际创新网络枢纽,到2030年,应基本建成全球领先的科技创新共同体。同时注重数据测算,对标国际区域、国内京津冀、粤港澳区域,结合自身发展指标,科学评估发展指标。基于一个主要目标,结合前文重点,提出以下6个发展路径行动建议如下。

(1)高校院所科技创新"策源行动"。

院所高校是重要的创新主体,特别是当前我国基础研究相对薄弱、创新策源功能亟待提升的背景下,院所高校作为创新策源、基础研究的主要供给者,理应勇担重任,面向高质量发展需求,成为高水平科技供给的核心主体,成为贯彻落实新发展理念、构建新发展格局的前沿领跑者。需要重点推进4个方面着力点,第一以创新策源为核心,强化科技自立自强,加强基础研究,坚持"定力"思维。第二以高端产业引领为关键,强化补链、强链,加强问题导向,坚持"合力"思维。第三以体制机制改革为动力,强化先行先试,加强成果转化,坚持"活力"思维。第四以开放协同为路径,强化新发展格局,加强枢纽功能,坚持"格局"思维。

（2）科技企业创新主体"育强行动"。

对标国家战略需求，进一步加大政策力度，提升企业技术创新能力，促进各类要素向企业集聚，打造一批具有国际竞争力的科技领军企业，培育推进一批科技骨干企业成为国家战略科技力量，孕育一大批中小企业成为技术创新重要发源地。着力强化政策合力，着力加大央企"落地引力"，激发国企"投入动力"，提升民企"创新实力"，扩大外企"溢出效力"，形成4类企业协同并进、大中小企业融通创新的发展格局。进一步吸引创新能力突出的央企落地长三角区域，更加主动地做好在沪央企服务保障工作，开展更广领域、更深层次、更高水平的战略合作，进一步强化央企总部引进工作。进一步推进国有企业打造原创技术策源地，推进建立以创新为导向的考核评价机制，夯实企业主要领导创新责任，完善容错机制。进一步提升科技企业技术创新能力。支持科技领军企业建设技术创新中心，开展行业共性关键技术研发和应用示范。发挥企业出题者作用，鼓励科技领军企业，联合行业上下游中小企业，组建跨领域、大协作、高强度的创新联合体。支持企业开展前沿、颠覆性技术创新。支持科技型中小企业持续创新，引导企业加大研发投入。进一步鼓励外资企业在长三角区域开展研发活动。

（3）高新区创新生态"雨林行动"。

依托长三角区域内重点高新区，持续强化创新生态，提升创新活力，培育高端产业集群，培育未来新兴产业，厚植区域创新文化。强化高端产业引领，打造具有国际竞争力的产业集群。坚持科技创新与产业创新融合，强化科技赋能产业发展，培育创新集群高地。强化重点产业科技支撑力，围绕集成电路、人工智能、生物医药、新能源、绿色低碳技术等重点领域，提高科技成果转化和产业化水平。聚焦数字化技术、元宇宙等"新赛道"领域，强化前瞻布局，共同培育未来产业增长点，联手打造世界级创新产业集群。依托G60科创走廊、长三角一体化示范区等重点区域吸引技术、资金、人才落地，同时加强长三角科技企业孵化器、大学科技园、众创空间等平台载体的协同联动力度。高水平的办好各类品牌活动，为各类创新主体合作交流创造机会。推进数字化转型和绿色转型发展，大力践行"科技向善""数字向善""智能向善"，不断推进"科技民生"，打造科技惠民若干应用场景。

（4）区域技术大市场"融通行动"。

注重长三角区域内部的分工协同，注重发挥市场机制，打造区域上的协同创新"大市场"。未来,长三角地区更高质量一体化背景下推进区域创新要素的有序、高效流动,需要各省市在创新政策制定中强化技术要素的高效流动,促进地区间技术势差的缩小,打造高效融通的区域技术大市场。加快建立更加透明的技术市场交易规则,建立长三角地区联通的技术交易市场,推动成果认定标准、服务体系标准建设,促进各省市技术交易联通,建立透明的交易规范和交易流程,发挥牵引市场的作用。从激励、规范、监管 3 个层面进一步激发高等院校、科研机构成果的交易标准化,同时也要强化监管,更加有利于技术交易市场本身的有序化发展。强化技术交易复合型人才培养,培养从成果服务、法律服务、财会服务等全方位的技术经纪人。长三角地区应当探索形成较为规范的技术经纪人培训标准,培养一批具有专业技能的技术市场人才。加快建立长三角区域一体化的技术交易指数监测体系,形成对技术市场的系统监测和评估分析,及时预警和掌握市场发展态势。

（5）一体化机制改革"先锋行动"。

强化改革创新,完善政策体系,推进区域一体化机制进一步完善。加快制度供给,扩大创新券通用通兑、海外高层次人才工作许可试点等创新举措覆盖面,务实深化,在机制创新、联合攻关、党建联建等方面实现新的突破,加快形成一批可复制推广的改革举措,发挥示范引领作用,为推进长三角高质量一体化发展、服务全国科技体制机制创新提供重要支撑。进一步完善协同创新管理机制,在 G60 科创走廊、长三角一体化示范区、嘉昆太等地区打造协同创新样板间。坚持践行科技、教育、人才一体化,深入推动科技与产业、科技与金融的融合示范。加快建设高水平科技人才队伍,加强科技创新人才共享、交流与联合培养。促进人才在各省市间顺畅有序流动。

（6）区域创新政策工具"示范行动"。

进一步创新政策支持方式,优化政府引导基金支持方式,发挥政策性引导基金作用,重点投资早期技术攻关、概念验证、雏形开发等,激发源头创新活力。提升科技金融服务能力,鼓励投资机构投资种子期、初创期硬科技企业。支持保险补贴企业首台（套）市场应用示范,对首台（套）重大技术装备的研制单位给予保险费补贴支持,推动首台（套）技术装备市场应用。支持企业开展应用场景示范项目建设,支持企业面向上海社会经济发展重点需求或关系国计民生的重点领域,对技术创新度高、行业带动性强、示范效果好的应用场景建设项目给予支持。进一步拓宽企业家参与科技决策的方式与渠道,完善企业家参与上海科技重大战略、重点项目机制。增强科技企业创新管理能力,支持企业科学制定创新战略,应用创新管理方法。强化科技惠企政策跟踪评估,完善技术合同认定、高新技术企业培育、研发加计扣除政策协同。建立对科技中小企业、"四科"企业、高新技术企业、科技小巨人企业、科技上市企业、科技独角兽企业的定期跟踪和研究,适时开展政策评估。规范企业科研统计口径与应用场景,进一步理顺不同部门企业科研统计口径,避免数据混淆,准确把握科技企业的总体定位、发展状态。

参考文献

(德)布凌格,2020. 聚焦创新[M]. 王河新,刘百宁,译. 北京:科学出版社.

曹方,姬少宇,张鹏,2023,等. 区域创新共同体治理的逻辑框架、行动实践与政策启示[J]. 技术经济,42(3):14-26.

常林朝,户海潇,高亚辉,2019 等. 河南省技术转移市场体系现状、问题及对策研究[J]. 科技管理研究,39(6):72-78.

陈劲,2012. 协同创新[M]. 杭州:浙江大学出版社.

陈劲,朱子钦,2021. 探索以企业为主导的创新发展模式[J]. 创新科技,21(5):1-7.

陈彦斌,王兆瑞,于泽,2020 等. 中国人民大学完善要素市场化配置实施路径和政策举措课题组,要素市场化配置的共性问题与改革总体思路[J]. 改革,(7):5-16.

程海森,张汝飞,2017. 技术市场价格指数编制研究:以北京技术市场价格指数为例[J]. 价格理论与实践,(2):108-111.

戴妍,杨雨薇,2024. 我国拔尖创新人才培养政策的变迁逻辑与未来展望:历史制度主义分析[J]. 高校教育管理,18(3):62-72.

邓媚,赖婷,罗春兰,2020. 广东省技术市场发展面临的挑战与解决对策:基于技术合同交易数据分析[J]. 科技创新发展战略研究,4(1):11-17.

段从宇,2023. 中国式现代化进程中教育、科技、人才一体推进的理论逻辑与实施路径[J]. 学术探索,(3):124-128.

樊杰,2024. "十五五"时期中国区域协调发展的理论探索、战略创新与路径选择[J]. 中国科学院院刊,39(4):605-619.

郭曼,张木,2021. 建设现代技术要素市场,满足新时期创新发展需求[N]. 科技日报,07-12(8).

国家发展改革委高技术产业司,2005. 关于技术要素市场发展与价格问题研究[J]. 宏观经济研究,(12):42-45.

洪银兴,2017. 科技创新阶段及其创新价值链分析[J]. 经济学家,(4):5-12.

侯剑华,郑碧丽,李文婧,2024. 基础研究支撑教育、科技、人才"三位一体"发展战略探讨[J]. 中国科学基金,38(2):238-247.

姜慧敏,崔颖,2018. 基于技术合同分析的我国技术交易发展现状与对策研究[J]. 科技管理研究,38(19):31-37.

蒋芬,2016. 我国技术市场发展演变趋势、存在问题及对策建议[J]. 科技通报,32(10):250-

254.

康·弗·布洛欣,李牧群,2023.全球技术革命与中美关系[J].思想理论战线,2(2):133 - 139.

李妃养,黄何,曾乐民,2018.全球视角的技术交易平台建设经验及启示建议[J].中国科技论坛,(1):24 - 29.

刘宾,董谦,辛文玉,2016.京津冀科技协同创新共同体的构建及模式分析[J].商业经济研究,(16):127 - 129.

刘慧,金·范德波特,2024.欧洲研究区跨区域协同创新治理举措及启示[J].科技管理研究,44(4):159 - 166.

刘军,赵彦云,张若然,2012,等.北京技术交易对经济发展的直接贡献研究[J].科技潮,(10):68 - 71.

刘庆龄,曾立,2022.国家战略科技力量主体构成及其功能形态研究[J].中国科技论坛,(5):1 - 10.

卢建军,2024.坚持产学研深度融合教育科技人才一体化推动新质生产力发展[J].中国高等教育,(6):34 - 36.

马佰莲,赵龙,2024.教育、科技和人才:中国式现代化发展的关键支撑[J].西南民族大学学报(人文社会科学版),45(2):196 - 203.

马艳艳,孙玉涛,2014.中国技术省际交易空间分布模式及前后向关联[J].科学学与科学技术管理,35(4):41 - 49.

倪渊,蔡功山,赵艳,等,2022.双目标多主体下的技术交易一站式服务平台定价模式研究[J].工业工程与管理,27(3):24 - 32.

潘教峰,左晓利,2023.教育科技人才一体推进:内在逻辑、理论框架与实践路径[J].科教发展研究,3(4):20 - 32.

饶玉健,成楚洁,许世建,2023.教育、科技、人才一体化发展视阈下技能型社会建构的系统性思考[J].职教论坛,38(8):14 - 20.

邵记友,杨忠,汪涛,2023,等.以领军企业为核心主体的创新链:结构特征与协同机制[J].中国科技论坛,(11):97 - 107.

陶纪明,马海情,2002.按技术要素分配的理论研究[J].上海社会科学院学术季刊,(3):13 - 21.

王微,王青,2020.加快要素市场化改革:构建高标准市场体系的关键举措[J].中国经济报告,(4):9 - 15.

吴伟,王益静,辛越优,2023.教育、科技、人才一体化推进亟待大尺度革新[J].科技中国,(11):78 - 82.

夏凡,冯华,2020.技术市场规模与区域技术进步:基于创新投入的多重中介效应分析[J].宏观经济究,(1):95 - 111,140.

谢富纪,2020.全国技术市场的构建及政策建议[J].科技导报,38(24):18 - 24.

谢阳群,魏建良,2007.国外网上技术市场运行模式研究[J].商业研究,(2):1 - 6.

杨博旭,柳卸林,吉晓慧,2023.区域创新生态系统:知识基础与理论框架[J].科技进步与对策,40(13):152 - 160.

杨首一,曾德明,禹献云,2020,等.科技创新管理成熟度评价指标体系的构建与应用:以中车株洲所为例[J].湖南大学学报(社会科学版),34(4):74 - 81.

尹西明,陈劲,贾宝余,2021.高水平科技自立自强视角下国家战略科技力量的突出特征与强化路径[J]. 中国科技论坛,(9):1-9.

于磊,王玲玲,2014. 完善技术市场功能,促进技术要素自由流动:从技术市场功能探究技术市场发展[J]. 中国科技信息,(14):211-212.

余义勇,杨忠,2020. 如何有效发挥领军企业的创新链功能:基于新巴斯德象限的协同创新视角[J]. 南开管理评论,23(2):4-15.

余泳泽,2015. 中国区域创新活动的"协同效应"与"挤占效应":基于创新价值链视角的研究[J]. 中国工业经济,(10):37-52.

袁野,陈绩,万晓榆,2023. 我国人才政策主题热点与演进趋势:基于 2012—2021 年的政策文本分析[J]. 中国高校科技,(6):1-7.

张赤东,康荣平,2021. 培育科技领军企业重在树标杆[N]. 科技日报,07-12(1).

张树满,原长弘,2022. 制造业领军企业如何培育关键核心技术持续创新能力[J]. 科研管理,43(4):103-110.

张玉利,冯潇,田莉,2022. 大型企业数字创新驱动的创业:实践创新与理论挑战[J]. 科研管理,43(5):1-10.

赵林捷,汤书昆,2007. 一种新的技术创新管理工具:创新管理成熟度模型研究(IMMM)[J]. 科学学与科学技术管理,(10):81-87.

赵绮秋,2005. 技术市场价格特性之分析[J]. 中国经贸导刊,(23):28-30.

赵志娟,李建琴,2015. 技术市场对区域创新能力的影响研究[J]. 科技管理研究,35(8):62-65.

郑珂,胡锴,2022. 全国统一大市场背景下技术市场建设的问题、内涵与对策[J]. 科技导报,40(21):13-19.

周俊亭,席彦群,周媛媛,2021. 区域技术市场、政府扶持与科技创新[J]. 中国软科学,(11):80-90.

周青,刘志高,朱华友,2012,等. 创新系统理论演进及其理论体系关系研究[J]. 科学学与科学技术管理,33(2):50-55.

周正柱,冯加浩,李瑶瑶,2020. 长三角技术市场一体化发展现状及建议[J]. 科技导报,38(24):69-76.

朱常海,2022. 超越市场:论技术要素市场化配置改革[J]. 科技中国,(4):16-19.

朱雪忠,胡锴,2020. 中国技术市场的政策过程、政策工具与设计理念[J]. 中国软科学,(4):1-16.

庄芹芹,高洪玮,2023. 强化国家战略科技力量的政策演变、理论进展与展望[J]. 当代经济管理,45(12):15-21.